VICOMTE DE VAULSERRE

❀ ❀ ❀

A TRAVERS

LE YUN-NAN

ET DU YUN-NAN AU TONKIN PAR
LE KOUEI-TCHÉOU ET LE KOUANG-SI

PARIS, HACHETTE ET Cⁱᵉ. — 79, BOULEVARD SAINT-GERMAIN. — MCMI.

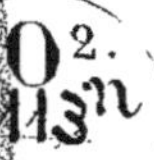

A TRAVERS LE YUN-NAN

REMARQUABLES STATUES DE BONZES VÉNÉRÉES DANS LA PAGODE DES CINQ CENTS GÉNIES, PRÈS DE YUN-NAN-SEN. — DESSIN DE BIGOT-VALENTIN.

VICOMTE DE VAULSERRE

✽ ✽ ✽

A TRAVERS
LE YUN-NAN

ET DU YUN-NAN AU TONKIN PAR
LE KOUEI-TCHÉOU ET LE KOUANG-SI

PARIS, HACHETTE ET C⁰. — 79, BOULEVARD SAINT-GERMAIN. — MCMI.

UNE RUE DE YUN-NAN-SEN. — DESSIN DE GOTORBE.

A TRAVERS LE YUN-NAN

ET DU YUN-NAN AU TONKIN, PAR LE KOUEI-TCHÉOU ET LE KOUANG-SI.

CHAPITRE I

Séjour à Yun-Nan-Sen

Rencontre de M. Leclère à Tali-Fou. - Mon adjonction à la mission française des chemins de fer de pénétration en Chine. - Nouvelles de France. - Révolution de Pékin. - Qualités d'un interprète. - La tour du vice-roi Tchen. - Le lac de Yun-Nan-Sen. - Insurrections au Yun-Nan et au Sé-Tchouen. - L'administration provinciale en Chine. - Les To-tse.

CULTIVATEUR CHINOIS FERTILISANT SA TERRE.
DESSIN DE MIGNON.

C'EST le 28 novembre 1898 que j'arrivais à Yun-Nan-Sen, treize jours après avoir quitté Tali-Fou et franchi les 380 kilomètres environ qui séparent cette ville de la capitale du Yun-Nan.

A Tali, j'avais reçu le plus gracieux accueil du Père provicaire Le Guilcher, ancien compagnon de Francis Garnier, vétéran des missions chrétiennes en Chine, qui depuis 1853, malgré les persécutions et les terribles années de l'insurrection musulmane, n'a cessé de soutenir par son énergie le zèle de ses chrétiens.

C'est sous son toit hospitalier que je me reposai quelques jours des fatigues de l'exploration que je venais d'exécuter heureusement sur le haut fleuve Bleu, en pleine saison des pluies; c'est aussi chez lui que je rencontrai pour la première fois M. Leclère, ingénieur en chef au corps des mines, qui, chargé par le ministère des colonies d'étudier les richesses minières des provinces méridionales de la Chine, en vue du prolongement des voies ferrées du Tonkin, venait de parcourir les régions escarpées de Tong-Tchouan-Fou, Houi-Li-Tcheou, et du Young-Pé-Tin. Heureuse rencontre, entièrement fortuite, à laquelle je ne pouvais certes pas m'attendre dans cette ville si écartée, où les rares Européens qui y ont passé peuvent encore se compter. L'un et l'autre, nous devions regagner Yun-Nan-Sen : M. Leclère par un détour pour reconnaître dans l'Est de Tali les salines de Hé-T'sin, et moi par la route mandarine. Nous partîmes donc de Tali en prenant des directions différentes au Sud du lac, et quelques jours après nous nous rejoignîmes à Kouang-Tong-Hien. Dès lors, nous fîmes route ensemble, et sur le chemin nous eûmes encore la bonne chance de rencontrer un aimable compagnon en la personne du Père Lebailly, qui allait rendre visite au vicaire apostolique du Yun-Nan, Mgr Escoffier.

Afin d'éviter des redites, je ne ferai pas la description de cette route déjà connue par les rapports des explorateurs précédents. Je commencerai mon récit à Yun-Nan-Sen, où, grâce à l'obligeance de M. de Labâtie, consul de France à Mongtsé, et de M. Guillemoto, ingénieur en chef des travaux publics en Indo-Chine, je fus attaché à la mission française des chemins de fer de pénétration en Chine, et autorisé à accompagner en cette qualité M. Leclère, adjoint à cette mission.

M. Leclère venait de terminer une partie de son programme, mais était loin d'avoir achevé sa tâche, car dans le but de relier ses statistiques et ses études géologiques comprenant les régions de Lao-Kaï, le haut Yun-Nan et le Sud du Sé-Tchouen, il lui restait encore à parcourir une partie du Yun-Nan et les deux provinces du Kouei-Tcheou et du Kouang-Si, avant de rallier Hanoï. C'était même la partie de son exploration qui paraissait la plus difficile à mener à bonne fin, tant à cause de la longueur de la route, qu'à cause des populations indisciplinées des Miao-Tse et des Tong-Kia du Kouei-Tcheou et des pirates qui infestent le Kouang-Si.

L'expérience que je venais d'acquérir dans la difficile reconnaissance du haut fleuve Bleu, me mettant à même de pouvoir utilement contribuer au succès de l'entreprise de M. Leclère, je n'hésitai pas à lui offrir mon concours.

Nous avions décidé, M. Leclère et moi, de prolonger notre séjour à Yun-Nan-Sen pour nous donner le temps de prendre les mesures nécessaires au succès de notre futur voyage et permettre au Fou-Taï, gouverneur du Yun-Nan, de prévenir les autorités de la province et de les inviter à nous accorder leur appui. Enfin l'un et l'autre, nous avions grand besoin de nous refaire de nos campagnes d'été et d'automne. La fièvre n'avait pas épargné M. Leclère et l'obligeait à un fréquent emploi de la quinine ; quant à moi, si je n'en étais pas encore atteint, j'étais réellement épuisé. Nous nous installâmes dans une maison chinoise appelée le Kao-Ti-Han, située juste en face de la grande pagode de la ville et louée par la mission des chemins de fer pour ses membres de passage à Yun-Nan-Sen.

Cette maison, d'une forme essentiellement chinoise, se composait d'une avant-cour entourée de murs dans laquelle on pénétrait par une des faces de côté. Un corps de logis percé à son centre par un porche à deux battants, séparait cette première cour d'une seconde cour intérieure, sur laquelle toutes les portes s'ouvraient. Au fond de cette dernière s'étalait la maison des maîtres, construite en bois et n'ayant qu'un rez-de-chaussée comme tous les autres bâtiments. Il fallait, pour pénétrer dans la maison principale, gravir un large perron en pierre qui donnait sur un couloir à ciel ouvert, soutenu par des colonnes. Les appartements se composaient d'un vestibule au centre, et de deux chambres à droite et à gauche, dans lesquelles le jour pénétrait par les fenêtres et les ouvertures de la grande porte, garnies d'un treillage artistique sur lequel du papier chinois remplaçait les vitres. Le vestibule était meublé de l'estrade traditionnelle de réception, toute drapée de rouge, de chaises aux pieds contournés sur les côtés et d'une table carrée tenant le milieu de la salle. Au dehors les toits en bateau, étendant largement leurs angles relevés, donnaient de l'élégance à l'ensemble et lui con-

LAC DE YUN-NAN-SEN. (PAGE 8.) — DESSIN DE BOUDIER.

servaient son caractère chinois. Dès notre arrivée à Yun-Nan-Sen, notre premier soin fut d'aller nous présenter à l'évêché. Mgr Escoffier coadjuteur de Mgr Fenouil, voulut bien nous recevoir en compagnie du procureur de la mission, le Père Kircher, du Père Coulmont qui venait des environs de Tong-Tchouan,

LES MONTAGNES DE TALI VUES DU CHAMP DE MARS DE LA VILLE. — DESSIN DE TAYLOR.

du jeune Père Emery qui sortait du Séminaire des Missions étrangères, et du Père Lebailly, qui était arrivé avec nous. Après les propos d'usage, notre entretien prit bien vite des formes sympathiques. Monseigneur nous assura de toute sa bienveillance et bientôt le Père Kircher revint de sa chambre les bras chargés d'une correspondance qui nous attendait l'un et l'autre depuis de longs mois.

Nous ne manquâmes pas non plus d'aller voir le Père Maire, provicaire du Yun-Nan et curé de la paroisse de la ville. Le Père Maire parle la langue des Célestes avec une habileté qui indique qu'il en connaît tous les secrets. L'étude approfondie qu'il en a faite lui permet d'employer les tournures de phrases dans lesquelles excellent les lettrés chinois.

Pendant que nous cheminions tranquillement le long de la route de Tali à Yun-Nan-Sen, nous ne nous doutions pas que des événements de la plus haute importance s'accomplissaient à Pékin. Le calme des populations, la paisible attitude des habitants de Yun-Nan-Sen, uniquement occupés de leurs travaux et de leur commerce ordinaire, ne nous avaient pas préparés à la nouvelle inattendue du coup d'état par lequel l'impératrice mère Tsé-Hsi venait d'arracher violemment à son fils Kouang-Sou les rênes de l'État.

Ce fut par la dépêche mensuelle des missionnaires que nous apprîmes ce tragique événement. Il est hors de doute que le télégraphe qui fonctionne depuis quelques années entre les capitales des provinces et Pékin avait déjà prévenu les hauts fonctionnaires, et pourtant au dehors rien ne transpirait. Il y avait plusieurs semaines que Tsé-Hsi avait mis son fils à l'ombre et gouvernait la Chine, que le peuple ignorait encore cette brusque transition. Peu à peu pourtant certaines rumeurs se répandirent, quelques chrétiens stupéfaits vinrent en parler aux Pères, le bruit prit de la consistance et finalement devint une réalité. La Chine sans mot dire acceptait le fait accompli avec la même facilité que d'autres pays un changement de ministère.

Le 5 décembre, peu de jours après notre installation au Kao-Ti-Han, nous eûmes le plaisir de voir notre nombre s'augmenter d'un fort aimable compagnon de route, M. Monod, chef adjoint du service géologique de l'Indo-Chine. Il venait directement d'Hanoï avec mission du gouverneur général d'accompagner M. Leclère dans le Kouei-Tcheou et le Kouang-Si.

M. Monod était passionné de sa science ; l'amour des découvertes et le vaste champ d'exploration que lui offraient les nouvelles Indes françaises l'avaient attiré tout jeune encore dans ces régions dont la connaissance est encore si imparfaite. Il venait donc plein d'ardeur seconder M. Leclère dans ses travaux.

Ce soir-là, il nous arriva trempé jusqu'aux os par une pluie glaciale mélangée de neige fondue, protégé seulement par des vêtements de toile, persuadé qu'il était qu'au Yun-Nan pas plus qu'au Tonkin il n'y avait à redouter les rigueurs de l'hiver. Ce fut pour lui une très fâcheuse erreur dont il eut à se repentir.

M. Leclère avait enrôlé dans son personnel un brave homme de Chinois qu'il avait déniché parmi les chrétiens de Tong-Tchouan. En cours de route, il en avait fait un *Li-Hou-Gan*, c'est-à-dire un cuisinier émérite. Chose remarquable pour un Chinois, notre marmiton avait le bon goût d'oublier ses recettes culinaires les plus chères pour adopter celles que M. Leclère lui avait enseignées. Ce n'est pas qu'il n'y revînt pas de temps en temps, lorsque par exemple il avait la main trop lourde, ou lorsque la vieille routine reprenait le dessus, mais vraiment ces périodes n'étaient pas de longue durée, et, en fin de compte, nous pouvions nous vanter d'avoir le premier maître-coq du Céleste Empire. Ce soir-là il avait déployé tout son talent en l'honneur du nouveau-venu. Un potage doré au vermicelle chinois fumait, appétissant, sur la blanche nappe, notre vaisselle, Limoges premier choix, que nous venions de compléter dans les magasins de Yun-Nan-Sen, ne laissait rien à désirer ; enfin, de la cuisine s'échappait un fumet de victuailles digne de nos robustes appétits. Droit comme un maître d'hôtel bien stylé, Kouang-Sien-Sen, notre valet de pied, après nous avoir avertis, attendait une serviette sous le bras que nous voulussions bien nous mettre à table.

M. Monod nous raconta les dernières primeurs d'Hanoï et les péripéties de sa route. Du Tonkin, il avait fait un crochet sur Kai-Hoa avant de rejoindre la route ordinaire de Mongtsé à Yun-Nan-Sen. Il avait accompli ce pénible voyage accompagné seulement de son ordonnance annamite et d'un palefrenier également annamite, dont il se défit d'ailleurs aussitôt qu'il le put.

Le champagne coula en l'honneur de son heureuse arrivée et nous fêtâmes la constitution définitive de notre trio. Mais la gaieté fut un peu attristée par les désastreuses nouvelles que M. Monod nous apportait de la guerre hispano-américaine. Les flottes espagnoles avaient succombé presque sans combat, prises en quelque sorte comme des pontons amarrés au rivage, non pas faute de courage mais par manque de charbon.

Le charbon, c'est la cavalerie de la marine, c'est un élément essentiel du succès ; faute d'en avoir, les plus gros cuirassés deviennent des corps morts parfaitement inutiles, comme l'événement l'a prouvé, et on perd ses colonies. Justement notre raison d'être au Yun-Nan était de trouver ce combustible si nécessaire. La longue reconnaissance que nous allions faire dans le Kouei-Tcheou et le Kouang-Si avait pour but principal d'éclairer la France sur les ressources de ce genre qu'elle pourrait utiliser sur les confins de sa nouvelle colonie. De conséquences en conséquences nous pensions déjà à l'importance qu'acquerrait le rapport de notre mission et à l'avenir qu'il ouvrirait à l'Indo-Chine, si réellement nous allions révéler à notre retour en France cet élément de victoire. Cette seule pensée devait nous soutenir pendant tout le voyage.

Les échantillons de houille que nous avons rapportés du Yun-Nan ont été soumis à l'analyse dès notre retour en France. Il a été constaté que nous rapportions de l'excellente houille grasse, équivalente à du Cardiff ne produisant que 6 pour 100 de cendres. Nous avions donc le droit d'être fiers de notre

COL AU-DESSUS DE LA PLAINE DE YUN-NAN-SEN. — DESSIN DE BOUDIER.

découverte. Mais pour des raisons difficiles à expliquer, personne ne s'est ému du succès des recherches de notre mission et de l'avenir qu'il ouvre à notre colonie du Tonkin. Nos échantillons ont été exposés au Pavillon des produits de l'Indo-Chine ; mais j'ignore sous quelle influence ils ont été classés sur le

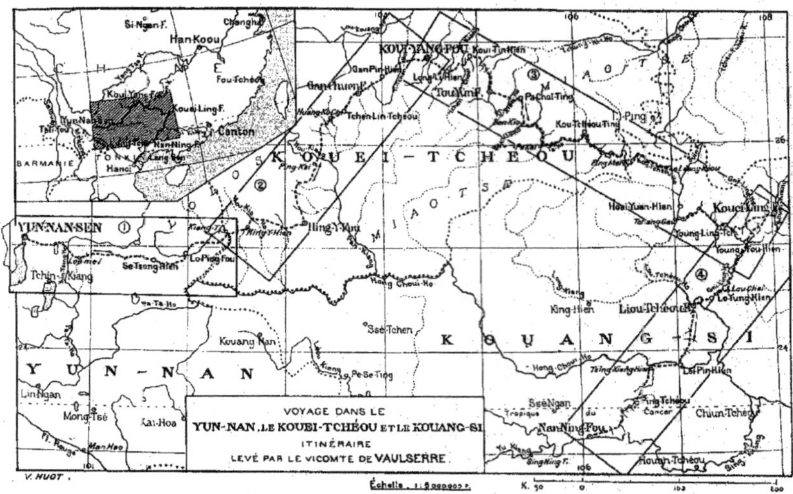

catalogue comme « Échantillons de bois du Tonkin ». C'est un comble! il a fallu une conférence pour détromper le public de cette étrange erreur.

Enfin, comme dernière nouvelle sensationnelle, nous apprenions l'heureuse réussite du commandant Marchand et sa superbe attitude dans sa nouvelle conquête. Je n'exagérerai rien en disant que là-bas, en plein Yun-Nan, nous lui fîmes un succès aussi sincère que celui plus grandiose qu'on lui réservait en France.

Mais, revenant à ce qui nous intéresse, je ne crois pas devoir passer sous silence les qualités que doit posséder un interprète, personnage inconnu hier, à qui vous allez vous confier entièrement demain. Si tout ne dépend pas du caractère ou de la fidélité de cet homme, du moins de son mérite ou de son insuffisance dépend souvent le succès ou la ruine de vos projets. On ne saurait donc prendre trop de précautions pour se renseigner sur sa valeur morale et intellectuelle. Très limité pour le moment, le nombre des interprètes augmentera beaucoup grâce aux soins des missionnaires qui apprennent le français aux jeunes Chinois depuis quelque temps seulement. Cette mesure aura une grande et salutaire influence sur nos projets de pénétration en Chine.

Il ne suffit pas non plus pour un homme destiné à porter la parole aux mandarins dans les visites officielles où l'étiquette est de rigueur, qu'il s'exprime en chinois ordinaire. Il est nécessaire qu'il soit rompu au langage élevé des lettrés. L'interprète qui l'ignorerait se trouverait dans la même situation que le paysan introduit dans un salon s'exprimant en son patois.

Sous ce rapport nous n'avions rien à reprocher à notre brave Joseph, qui était rompu à tous les usages et qui connaissait admirablement son métier, ayant servi loyalement le prince d'Orléans en qualité d'interprète dans les grands voyages qu'il fit en Asie centrale.

Joseph, robuste et de bonne apparence, avait environ 36 ans. Il aimait son métier. Sous la haute direction du Père Le Guilcher il avait fait ses études à Tali-Fou. Le Père Le Guilcher, qui avait reconnu en lui de véritables mérites, espérait en faire un prêtre et sa famille, depuis deux siècles fervente chrétienne, voyait avec plaisir le jeune Joseph avancer en science et se destiner au sacerdoce. Joseph fit donc sa théologie. Il allait recevoir les premiers ordres, lorsque ne se sentant pas la vocation désirable il renonça au ministère sacré. Tout en restant bon chrétien il se fit commerçant à Tali et devint père de famille. Par son éducation, ses études, il était devenu un lettré consommé en demeurant un très brave homme, digne de toute confiance, intelligent et habile. Rien ne le déroutait. Sa parole était facile dans les réceptions et souvent on en pouvait juger le bon effet aux sourires qu'esquissaient les mandarins, lorsque notre Joseph tournait un compliment.

Par exemple, il ne savait pas un mot de français, mais le latin lui en tenait lieu et il parlait la langue de Cicéron comme un citoyen romain. Cet inconvénient n'en fut pas un pour M. Leclère, qui se mit à parler

avec lui avec autant d'aisance que dans sa langue maternelle. Il prétendait même qu'il y trouvait des avantages
par la brièveté et la précision du langage. Quant à moi, je n'en dirai pas autant : j'avais oublié tous mes
auteurs et au début je fus assez interloqué, mais ce ne fut pas de longue durée; à coups de dictionnaire je
retrouvai mes mots et, à la longue, je me faisais très suffisamment comprendre.

Nos premières journées à Yun-Nan-Sen furent employées en visites et au repos dont nous avions besoin,
mais tout en nous livrant à un farniente agréable, nous ne négligions pas nos préparatifs. C'est ainsi qu'après
avoir défait toutes nos caisses nous fîmes un triage de leur contenu que nous répartîmes par lots. L'un d'eux
allait être immédiatement expédié par une caravane chinoise à Koui-Yang-Fou, la capitale du Kouei-Tcheou,
un autre devait nous suivre, un troisième comprenant les échantillons minéralogiques de M. Leclère était
destiné à être envoyé à la direction des travaux publics à Hanoï.

Nous ajoutâmes à ce dernier lot quelques forts jolis bibelots que Joseph nous découvrit dans les boutiques
de Yun-Nan-Sen. Parmi eux je citerai de ravissants cloisonnés, les derniers peut-être qui restaient dans la
ville, parce qu'il ne s'en fait plus depuis l'insurrection musulmane, qui a entièrement détruit cette industrie
par le massacre de ses ouvriers. Nous trouvâmes aussi de très beaux bronzes de Tong-Tchouan, des *Chi-Pings*,
sorte de cuivres sans alliage moirés et ornés de fines ciselures d'argent, de belles soieries, des fourrures et
quelques objets en jade. Je fis aussi l'acquisition d'une robe de soie écarlate toute brochée or et constellée
d'attributs qui lui donnent une origine princière.

A Yun-Nan-Sen nous eûmes un temps fort maussade pendant tout notre séjour. Il nous fallait consulter
la carte pour nous assurer que nous étions bien entre le 24ᵉ et le 25ᵉ parallèle, c'est-à-dire à la même latitude
que le Touat. Il n'y avait pas d'alternative entre le beau et le mauvais temps. Ou bien c'était un beau soleil
tout resplendissant qui amenait 20° de chaud à midi tandis que nous avions 4° à 5° de froid pendant la nuit, ou
bien c'étaient des périodes humides pendant lesquelles le brouillard ou la neige succédait au grésil. Les
missionnaires ne s'en étonnaient pas, mais nous autres qui pendant nos voyages d'été avions subi des tempé-
ratures moyennes de 40°, accompagnées de vapeurs qui transformaient l'atmosphère en celle d'une serre
chaude, nous en étions fort éprouvés. Je me permets donc d'avertir les futurs voyageurs qui seront
retenus en hiver dans le Yun-Nan et le Kouei-Tcheou qu'ils feront bien de se munir de vêtements chauds.

Cette tempé-
rature variable n'a
d'ailleurs rien qui
surprenne, si l'on
considère que l'en-
semble du Yun-
Nan est un im-
mense plateau
d'une altitude
moyenne de 1 000
à 2 000 mètres et
que le Kouei-
Tcheou en est un
autre de 1 500 à
1 000 mètres. En
outre, la rigueur
du climat est en-
core augmentée par
l'effet de la mous-
son du Nord-Est,
qui pendant tout
l'hiver fait sentir
son influence gla-
ciale aussi bien sur
les côtes de Chine
qu'à l'intérieur du
pays.

PAGODE DE HÉ-LONG-TAN AU NORD DE YUN-NAN-SEN. (PAGE 11.) — DESSIN DE MASSIAS.

Le 19 décem-
bre, le soleil s'étant fait voir, nous en profitâmes pour pousser sur la route de Tali une reconnaissance vers la pointe Nord-Ouest du lac de Yun-Nan-Sen, à environ une dizaine de kilomètres de la
ville. Nous franchîmes donc la grande muraille d'enceinte dans l'équipage que nous avions adopté pour le
voyage, M. Leclère en chaise et M. Monod et moi à cheval, escortés de Joseph, de nos *ma-fous* (palefreniers)

REMARQUABLES STATUES DE BONZES VÉNÉRÉES DANS LA PAGODE DES CINQ CENTS GÉNIES, PRÈS DE YUN-NAN-SEN. — DESSIN DE BIGOT-VALENTIN.

de Houang, notre maître des cérémonies, et de quelques satellites chinois. Nous traversâmes les marais et les vastes rizières inondées qui s'étendent au loin dans le Nord du lac, nous contournâmes un peu une de ses baies et nous nous arrêtâmes au pied des hauteurs escarpées qui longent le lac sur sa côte ouest. Là ces messieurs sortirent leurs marteaux de géologues et se mirent aussitôt à l'étude en sondant les roches. De mon côté, je m'éloignai avec mon fusil dans l'intention de me livrer à mon plaisir favori ; j'avais constaté la présence d'une multitude de canards sur le lac, je dirigeai donc mes pas du côté du rivage, mais je m'aperçus bientôt qu'ils tenaient le large, et après quelques essais infructueux je dus y renoncer. Je revins vers le récif près duquel j'avais quitté mes deux camarades, je les trouvai mollement assis au sommet, fumant leurs pipes et devisant sur la formation de la croûte terrestre en ces parages. Tout en prenant part à leur conversation, je ne pus m'empêcher d'admirer la belle vue qui s'étendait à nos pieds. Le lac se montrait dans toute sa splendeur comme une nappe sans ride et se confondait dans le Sud avec une brume colorée par les reflets rougeâtres du rivage.

La ville de Yun-Nan-Sen, construite comme toutes celles de Chine, se distinguait par l'enceinte de ses hautes murailles au Nord du lac et à quelque distance de ses bords. Au milieu de la plaine ondulée aux alentours, on apercevait distinctement les tours tutélaires à 9 étages qui, en Chine, révèlent l'approche des villes mandarinales. L'une d'elles est remarquable par le motif pour lequel elle a été érigée. Le général qui dirigeait les troupes chinoises pendant la guerre du Tonkin la fit construire comme un trophée en l'honneur de ses soi-disant grandes victoires, trompant ainsi le bon peuple sur l'issue de cette campagne si peu flatteuse pour les armes chinoises. Néanmoins cette tour s'élève aujourd'hui à quelques lis (le li est d'environ 500 mètres) de Yun-Nan-Sen sur la route de Mongtsé : elle passe encore aux yeux de tous pour le symbole de la supériorité de l'empire sur les barbares d'Occident. Pour en finir avec le beau spectacle que j'avais sous les yeux, j'avoue pourtant que la comparaison qui se fit dans mon esprit entre le gracieux lac de Tali, si pittoresquement encadré entre ces hautes montagnes neigeuses, et celui qui s'étendait à nos pieds, ne fut pas en faveur de ce dernier qui, du côté de Yun-Nan-Sen et sur la rive opposée à nous, se termine, comme une mare, en des plages inondées. J'estime que l'un et l'autre doivent avoir à peu près les mêmes dimensions, 60 à 70 kilomètres environ sur 10 à 15 de large ; pourtant il m'a paru que celui de Yun-Nan-Sen est un peu plus grand.

En revenant sur nos pas, pour gagner nos pénates, nous traversâmes un village situé à cheval sur un des grands canaux d'irrigation qui aboutissent au lac. Non loin de là, s'élève en forme de dent une hauteur isolée dans laquelle les Chinois croient voir un dragon qui menace perpétuellement leur village. Aussi afin de conjurer les attaques du monstre, ils ont sculpté sur une haute pierre, fichée debout sur le sol, un animal de forme bizarre qui protège leurs maisons contre le dragon de la montagne. Enfin, sur le déclin du jour, nous arrivâmes aux premières maisons des faubourgs de Yun-Nan-Sen au moment où, de la tour principale, on tirait le canon pour annoncer la fermeture des portes.

Le lendemain nous allâmes faire une visite à M. Jansen, le directeur des télégraphes de la province de Yun-Nan pour le compte du gouvernement chinois. M. Jansen est d'origine suédoise, ce qui ne l'empêche pas de parler très correctement le français. C'est lui qui a établi les lignes télégraphiques reliant aujourd'hui Yun-Nan-Sen aux capitales des provinces voisines et qui en a dirigé toute la construction. La surveillance dont il a la charge l'oblige à de fréquents déplacements dans les postes

M. DE VAULSERRE.

des lignes existantes et à parcourir le tracé des lignes nouvelles qui sont à l'étude ; aussi connaît-il les principales routes de son Yun-Nan à merveille. Nous apprîmes chez lui qu'un missionnaire protestant venait d'être massacré à Houang-Ping, à huit étapes de Koui-Yang-Fou, capitale du Koui-Tchéou et que Yumantze, le fameux bandit qui, l'été dernier, avait mis à feu et à sang les communautés de Sé-Tchouen où j'avais passé quelques semaines auparavant, gardait toujours son prisonnier le Père Fleury et tenait encore la campagne contre les troupes régulières.

Dans le Yun-Nan même, au Sud-Est de Lo-Ping-Tcheou, presque sur notre prochain passage, les bandes de pirates auraient fait le sac du Yamen (palais) du Hien (sous-préfet) de Kien-Pé-Hien, auraient enlevé le sous-préfet, tué sa fille et sa femme et ne l'auraient rendu qu'après rançon. Le vice-roi du Yun-Nan enverrait à la hâte de ce côté un régiment pour refouler ces bandes sur le territoire de son voisin le vice-roi du Kouang-Si et du Kouang-Toung.

Autre nouvelle : les Mantse (Lolos, Lissons, races autochtones) du Kien-Tchang, dans le Sé-Tchouen méridional, des rives du Yang-Tse dont je venais de terminer la reconnaissance et des territoires sur lesquels

GRANDE PAGODE DE YUN-NAN-SEN. — DESSIN DE MASSIAS.

M. Leclère avait également passé, s'étaient soulevées contre les autorités chinoises et faisaient en ce moment même le siège de Houi-Li-Tcheou. Le vice-roi de Yun-Nan aurait fait prendre les mesures pour empêcher que cette rébellion ne s'étende sur la rive droite du fleuve dans le Sud de Kiao-Kia-Tin.

Ces détails n'avaient rien d'engageant, d'autant plus qu'ils indiquaient des situations troublées dans la Chine méridionale et particulièrement à l'Est du Yun-Nan, vers la frontière du Kouei-Tcheou. Nous crûmes tout d'abord que ces insurrections pouvaient avoir un lien avec la révolution de Pékin ou en être la conséquence ; mais à la réflexion nous conclûmes qu'il ne fallait pas s'en troubler outre mesure, que les rébellions locales, comme les pirates, sont la plaie chronique de la Chine et que nous devions passer outre. Pourtant, il n'eût pas été raisonnable de nous aventurer sur les frontières du Yun-Nan, du Kouei-Tcheou et du Kouang-Si, sans prendre quelques mesures de prudence. Cela était d'autant plus nécessaire que, même en temps ordinaire, ces régions sont sans cesse infestées de bandes de brigands. C'est pourquoi il fut décidé que nous insisterions auprès des hauts mandarins de la province, afin qu'ils assurassent notre passage. Donc, le 20 décembre, ayant mis nos plus beaux costumes, nous allions en pompeux équipage faire nos visites d'adieu au *Nié-Taï*[1], le grand juge de la province, et, cette fois encore, le Père Maire nous prêta son précieux concours de sinologue.

Le Nié-Taï nous reçut avec courtoisie dans une salle de son yamen, entouré de ses fonctionnaires. Après les salutations d'usage, le thé réglementaire et les compliments tels que de demander à chacun son âge, ce qui est de la part de celui qui reçoit une haute politesse en Chine, le Nié-Taï entra dans ses fonctions en nous interrogeant sur la raison de notre voyage et la route que nous voulions suivre, afin, disait-il, de prévenir les mandarins des localités par lesquelles nous devions passer. Il parut satisfait de nous entendre dire que l'étude à laquelle nous allions nous livrer avait pour but de renseigner le gouvernement français et était la préparation de travaux qui intéressaient autant la France que la Chine ; que la création des lignes projetées entre les deux gouvernements devaient développer dans l'avenir la richesse de ses administrés en donnant un facile accès aux produits du Yun-Nan dans nos possessions françaises et que, de notre côté, grâce à cette nouvelle voie, nous pourrions facilement porter remède aux conséquences désastreuses des disettes en introduisant dans le

____

1. Ce haut fonctionnaire était chargé des relations du gouvernement de la province avec les étrangers.

Yun-Nan les énormes productions de riz de la Cochinchine en cas de mauvaises récoltes ; que nous allions poursuivre notre tâche vers le Kouei-Tcheou et le Kouang-Si, conformément à la volonté des gouvernements des deux nations et qu'en conséquence nous voulions nous diriger sur Koui-Yang-Fou, la capitale du Kouei-Tcheou, en prenant la petite route de Lou-Mé-I, Lo-Ping-Tcheou, Hin-Y-Fou et Gan-Chouen-Fou, de préférence à celle de Kin-Tsing qui nous était déjà connue.

Il nous répondit qu'il userait de son pouvoir en notre faveur, qu'il informerait de notre prochaine arrivée les autorités provinciales du Kouei-Tcheou, afin de nous éviter les difficultés qui se produisent souvent sur les frontières des provinces, qu'il nous donnerait une escorte armée et que six satellites de son yamen nous suivraient jusqu'à Kony-Yang-Fou. Ainsi fixés sur notre sort, nous prîmes congé de lui.

Il est à remarquer qu'il ne nous dit pas un mot des troubles de Lo-Ping-Tcheou. L'explication de ce silence vient de ce qu'on attribue toujours à la mauvaise administration des hauts fonctionnaires les insurrections qui se produisent.

Le Niétal faisait alors un intérim, il avait été révoqué trois mois auparavant et son successeur, le Tao-Taï (haut fonctionnaire) de Mongtsé, que M. Leclère avait vu lors de son passage dans cette ville, était justement à Yun-Nan-Sen ; mais avant de prendre possession de son siège, il avait encore à remplir le grave devoir de se présenter à la cour de Pékin. La rumeur disait qu'il hésitait à accepter le poste auquel il venait d'être nommé, à cause des exigences du vice-roi du Yun-Nan, qui lui demandait 10 000 *ouan* (40 000 francs) pour lui remettre ses pouvoirs. Cette prétention n'avait rien d'extraordinaire, étant donné l'usage universellement suivi en Chine en pareilles circonstances. Pourtant le nouveau récipiendaire trouvait la pilule un peu forte. M. Leclère alla lui faire une visite.

Je ne voudrais pas quitter Yun-Nan-Sen sans en dire un mot ; la capitale de Yun-Nan vaut la peine qu'on s'y arrête un instant, bien que de son ensemble il ne ressorte rien qui la distingue des autres grandes villes de la Chine. Elle compte environ 50 000 habitants et est encadrée par le quadrilatère allongé de ses murailles orientées Nord-Sud. Assise dans la plaine sur le premier relief qui limite le lac au Nord-Est, elle s'élève insensiblement à la faveur d'une ondulation qui se termine vers les portes du Nord et de l'Est par des récifs calcaires curieusement ravagés. Au pied de l'un d'eux est adossée une fort belle pagode en forme de rotonde à laquelle une large allée, bordée d'une quadruple rangée d'arbres, donne accès. De nombreux yamens rompent la monotonie des rues sur lesquelles s'ouvre la multitude des bazars. Tous ces palais de mandarins se ressemblent, depuis celui du vice-roi qui est plus grandiose jusqu'à celui du plus petit bouton de cristal. Deux énormes dragons, tantôt en pierre, tantôt grossièrement peints sur les murs du porche, annoncent la demeure de ces potentats. L'intérieur se compose généralement de trois cours successives en enfilade, séparées par des bâtiments occupés par des satellites du prétoire. Dans la dernière s'ouvre le tribunal, où la justice se rend devant le peuple assemblé ; puis derrière se trouvent la demeure du mandarin, et encore plus en arrière celle de ses femmes. Toutes ces cours s'ouvrent les unes sur les autres, de façon que de la rue, lorsque les portes sont ouvertes, on puisse voir l'estrade du tribunal. Là se dresse la table de justice ; on y voit le pinceau, l'encrier, le sceau plié dans

un linge, sur des tablette, le nom des satellites et ceux des prisonniers, enfin aux yeux de tous s'étalent les attributs qui indiquent la puissance et le degré du mandarin ; rien n'y manque, pas même les baguettes de correction pour les hommes, et les savates destinées à souffleter les femmes. Sur les côtés des cours d'autres bâtiments sont affectés aux réceptions, les appartements d'honneur sont à gauche et sur la même cour que ceux du mandarin. Généralement les yamens ne se composent que d'un rez-de-chaussée. Ils sont bien tenus. L'ensemble en est grandiose parce que les constructions sont largement ouvertes; mais le mobilier en est presque toujours fort modeste. Peut-être les mandarins réservent-ils leurs richesses pour leurs gynécées, dans lequel aucun Européen ne pénètre.

Les maisons de la ville de Yun-Nan-Sen sont construites en bois ou en terre, damées et crépies à la chaux, suivant l'usage de la province, mais ce crépissage est un luxe qui ne se rencontre que sur les maisons des familles riches. A l'exception de quelques pagodes, aucun monument ne rappelle les âges anciens. Les Chinois construisent trop mal pour qu'il reste quelque chose des siècles passés. Seuls, leurs ponts, bâtis avec de superbes matériaux, résistent au

ÉGLISE CATHOLIQUE DE YUN-NAN-SEN, DÉTRUITE AU DÉBUT DE LA RÉVOLTE ACTUELLE.
DESSIN DE BOUDIER.

temps et prouvent que s'ils mettaient quelques soins à leurs œuvres elles auraient le même fini que les nôtres. Hormi trois ou quatre larges rues dans lesquelles le commerce s'est concentré, les autres sont tortueuses, étroites et fort sales, et, comme dans toute la Chine, ce sont les chiens et les porcs qui sont chargés du nettoyage de la ville.

Seules les murailles de l'enceinte, crénelées dans toute leur longueur et flanquées de tours, rappellent par leurs dimensions nos forteresses du Moyen Âge et ont ainsi un aspect intéressant. Quatre portes s'ouvrent sur la campagne, une sur les quatre faces du quadrilatère. Au delà commencent les faubourgs, qui se prolongent au loin, le long des routes dallées. Dans le Sud-Est de la ville s'étend une plaine destinée à servir prochainement d'emplacement à la gare du chemin de fer français d'Hanoï à Yun-Nan-Sen.

Le 21 décembre, afin d'essayer les chevaux que nous venions d'acheter nous poussâmes une nouvelle pointe dans le Nord pour visiter la pagode de Hé-Long-Tan (source du dragon noir), célèbre par son antiquité. Joli but de promenade que cette gracieuse pagode, qui semble endormie au fond d'un berceau, dans les ombrages du vallon qui lui sert d'asile. Des flancs de la colline surgit une abondante source, d'où s'échappe un ruisseau de cristal, sur les bords duquel les arbres séculaires inclinent leurs branches noueuses. La pagode elle-même ne manque pas de style; des statues, d'énormes vases en bronze ornent ses autels et son état de vétusté ajoute au pittoresque. Quelques bonzes malpropres en sont les gardiens solitaires en compagnie d'un singe grimaçant à la porte.

Notre séjour à Yun-Nan-Sen tirait à sa fin. Nous décidâmes de partir le 29 décembre, pour passer le jour de l'an à Lou-Mé-I, chez le Père Vial qui, très aimablement nous avait déjà invités à nous arrêter chez lui.

Le 23 décembre, nouvelle excursion dans le Nord-Est, pour reconnaître des gisements de houille qu'on nous avait signalés. Nous nous dirigeâmes donc vers ces gisements, conduits par un homme de confiance et à l'insu des mandarins. Arrivés sur les lieux, nous constatâmes leur présence à la base de calcaires identiques à ceux que nous avions examinés à Yun-Nan-Sen. Ils nous parurent de fort bonne nature et ils étaient même exploités par le moyen de puits et de galeries.

Au retour nous allâmes visiter la fameuse pagode en cuivre de Chao-Lin-Tien. Cette pagode est située sur le sommet d'une colline boisée qui domine toute la plaine de Yun-Nan-Sen. Une allée ombragée y conduit en s'élevant sur les pentes et passe sous des portes monumentales échelonnées le long de son parcours, semblables à des arcs de triomphe. La pagode elle-même, composée de plusieurs petites pagodes, construites en gradins sur des plans successifs, se dresse en amphithéâtre au milieu des bois; de larges perrons en pierre relient les cours de chacune de ces pagodes, et le tout est fermé sur les côtés par des galeries couvertes, mais à jour vers l'intérieur, destinées à abriter d'énormes statues bariolées représentant des bouddhas aux visages grimaçants et dans des postures extraordinaires. Enfin tout en haut se trouve la pagode en cuivre jadis doré et finement ciselé, le tout sur des soubassements du plus beau marbre blanc qui se puisse voir. Elle est très bien entretenue, son ensemble est réellement remarquable. Pourtant, il y a environ trente-cinq ans, les musulmans lui firent subir certaines dégradations en arrachant quelques plaques de bronze pour en fondre des canons. Ce fut une véritable profanation, à en juger par ce qu'il en reste, chacune de ces plaques devait être un chef-d'œuvre. La pagode a été construite sur l'emplacement du palais d'un roi du Yun-Nan avant la conquête de cette province par les Chinois. On y voit sa lance et son épée, arme symbolique gigantesque qu'un géant pourrait à peine mouvoir.

Le 25 décembre, jour de Noël, nous assistâmes à la messe pontificale au Tien-Tchou-Tan (église de la paroisse). L'église était pleine de fidèles et l'office commença en grand cérémonial. Tous les Chinois se mirent à chanter à la fois, mais tous sur un ton différent et à pleine voix, le *Credo* et les prières que chez nous, pendant le saint sacrifice de la messe, le peuple chante à l'unisson. Outre le désaccord musical, le langage chinois n'ajoutait rien à l'harmonie. Au moment de l'élévation un feu d'artifice nourri éclata aux portes de l'église, remplissant la nef d'une épaisse fumée. Il n'en pouvait être autrement, car en Chine il n'y a pas de fêtes sans pétards. Le Père Maire nous avait réservé des chaises dans la nef principale, devant le chœur et à l'écart du peuple, afin de conserver tout le prestige que les étrangers doivent avoir.

Avant de quitter l'église, je tiens à faire remarquer la disposition que les missionnaires ont très habilement adoptée dans les assemblées de leurs fidèles. Afin de ne pas choquer les usages établis et la coutume qui maintient toujours la femme en dehors de la vie publique, une séparation de plus de trois mètres de hauteur partage en deux, dans toute sa longueur, la nef de l'église, ne permettant pas aux hommes de jeter le moindre regard sur le beau sexe.

Le soir Mgr Escoffier nous fit la gracieuseté de nous inviter à sa table avec les Pères Maire, Kischer et Emery, et le Père Duclou, supérieur du séminaire de la province. Nous apprîmes encore ce jour-là que des rebelles venaient de détruire aux environs de Soui-Fou, dans le Se-Tchouen, la mission de Koui-Lin-Hien et de tuer le sous-préfet de cette ville. Le même télégramme annonçait, à l'étonnement de tous, que la Reine mère qui s'était montrée si hostile aux Européens, venait de lancer un décret confirmant tous ceux de l'Empereur détrôné favorables aux missionnaires. En outre, par le même décret elle enjoignait aux vice-rois et aux mandarins de tous grades de recevoir les missionnaires, et de traiter autant que possible les affaires des missions dans leurs gouvernements afin de les rendre ainsi plus directement responsables en ces questions; en outre, elle ordonnait aux mêmes mandarins de protéger les Européens qui résident en Chine ou qui y voyagent.

Le 26 décembre ce fut à notre tour de recevoir l'Évêque du Yun-Nan, son aimable provicaire le Père Maire et les Pères Kircher, Coulmont, Emery et Duclou. Nous eûmes le regret de ne pas compter parmi nos convives le bon Père Lebailly, qui était quelques jours auparavant reparti pour sa mission.

L'ARSENAL DE YUN-NAN-SEN. — DESSIN DE BOUDIER.

LA CARAVANE TRAVERSANT SE-TSONG-HIEN. (PAGE 22.) — DESSIN DE GOTORBE.

CHAPITRE II

De Yun-Nan-Sen à la frontière du Kouei-Tchéou

Derniers préparatifs de départ. — Autorité du chef. — Formation d'une caravane. — Lac de Yang-Tsong-Haï. — Eaux thermales de Tang-Tché. — Y-Léang-Hien. — Les Lolos du Se-Tchouan et les Lolos du Yun-Nan. — Rencontre à Lou-Mé-Y du capitaine Bourguignon et de M. Bride. — Fonctions du Ma-Ho-Teu. — Massifs madréporiques de la Chine méridionale. — Charbons de Tsindza.

LES 27 et 28 décembre, les journées furent employées à terminer nos caisses et à surveiller l'arrimage de nos tomas et des totse [1], c'est-à-dire les charges de nos chevaux et mulets.

Le totse se compose de deux parties, la selle et le bât proprement dit. La selle construite en bois est formée d'un double arçon, relié par deux planchettes qui s'appliquent sur le dos du cheval. Cette selle présente à la partie supérieure une rainure dans laquelle s'emboîte le bât qui est lui-même composé d'un simple chevalet rigide, ayant exactement la forme de la rainure ; de sorte que ce chevalet, sur lequel est solidement répartie la charge, est indépendant de la selle et n'est maintenu sur elle que par la rainure dans laquelle il s'encastre. C'est pourquoi, le cheval étant déjà sellé, lorsqu'il s'agit de le charger, deux hommes saisissent le bât, l'élèvent par-dessus la tête du cheval et le déposent dans la rainure de la sellette. La grande difficulté consiste à établir un équilibre parfait entre les deux parties de la charge qui sont solidement fixées au chevalet par de longues lanières. Il n'est pas fait usage de sangle ; — l'équilibre suffit pour donner de la solidité au totse ;

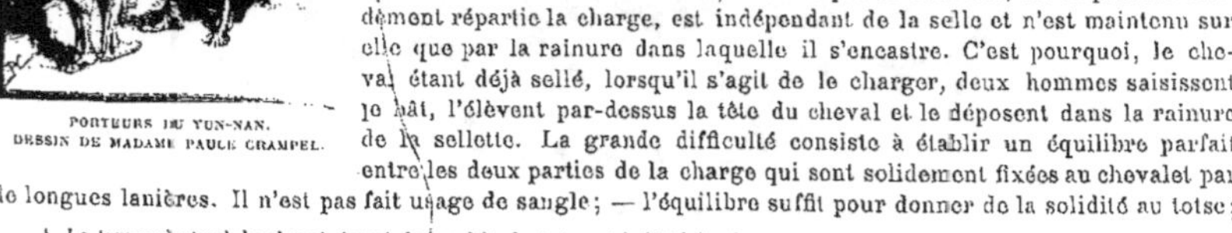

PORTEURS DU YUN-NAN.
DESSIN DE MADAME PAULE CRAMPEL.

1. Le tomas s'entend du cheval chargé de son bât. Le totse est le bât lui-même.

2

il est seulement retenu par un poitrail nécessaire dans les montées, et une croupière indispensable dans les descentes. Ce peu de solidité du fardeau s'explique ainsi: s'il était fixe, il exposerait le mulet à être infailliblement culbuté dans les précipices, le long des passages étroits, chaque fois que sa charge vient à donner sur les rochers. Or les passages difficiles ne sont pas rares en Chine; la chute des charges est donc un accident journalier qui n'étonne personne. Il est donc bon de faire soi-même l'emballage de ses caisses, si l'on ne veut pas s'exposer à la perte de tout ce qu'elles contiennent. Un totse ne doit pas dépasser 70 livres chinoises (la livre chinoise est de 600 grammes); enfin une caravane bien montée doit compter par trois bêtes de somme, un ma-fou uniquement chargé de la surveillance des totses.

Le 29 décembre, de très bonne heure, nous donnions le signal du branle-bas général. En un clin d'œil, nos lits, nos tables, nos pliants furent bouclés. Joseph se multipliait, communiquait les ordres, tâchait d'activer nos ma-fous, un peu surpris d'être ainsi secoués après de longs jours de farniente. Joseph se donnait bien du mal, mais quant à nos palefreniers, en bons Chinois qu'ils étaient, ne se pressaient qu'à demi. Notre Ma-Ko-Teu (chef des palefreniers) montrait souvent une certaine indépendance. M. Leclère l'avait enrôlé dans le haut Yun-Nan, et, bien qu'il n'eût pas eu de motif jusqu'alors d'en être fort satisfait, il l'avait pourtant gardé de crainte de tomber plus mal.

Nous quittâmes le Kao-Ti-Han à dix heures du matin, et toute la caravane traversa la ville pour sortir par la porte du Sud. La caravane se composait d'abord de Joseph, notre interprète, et de Houang, qui faisait le service particulier de M. Leclère, nous servait à table et portait nos cartes chez les Mandarins lors des visites officielles. C'était un chrétien de Tong-Tchouan fort intelligent, très bien tourné de sa personne et un excellent serviteur. Il faisait remarquablement le service dont il était chargé, parce qu'il avait été autrefois satellite d'un mandarin, et ce stage lui avait permis de connaître tous les secrets des yamens. Tous les deux voyageaient à cheval, de même que Li-Hou-Gan, notre cuisinier, également chrétien, dont j'ai déjà signalé les qualités, et l'Annamite qui servait M. Monod.

Venaient ensuite Li-Eul-Ho (le deuxième du nom). Je l'avais surnommé Fa pour simplifier ce nom baroque. Fa était mon serviteur, c'était un brave chrétien toujours de bonne humeur, et il était, lorsque je le pris à Ta-Pin-Tse, près de Tali-Fou, le courrier du Père Pitou; il portait toujours une de mes armes et ne me quittait jamais pendant la route, prêt à tenir mon cheval lorsque je faisais mes observations topographiques. Son frère Li-San-Ko (le premier du nom) était, à Tali-Fou, le courrier du Père Le Guilcher qui s'en priva, voulant ainsi mettre à mes côtés un brave garçon; il avait la charge de mes chevaux. Nous avions encore six autres ma-fous et six porteurs de chaises. En tout, 1 interprète, 1 cuisinier, 3 boys, 6 porteurs de chaise, 6 satellites du Nié-Taï. Nous avions 24 chevaux, dont 5 montés et 19 chargés de nos caisses et de divers ustensiles de ménage et d'objets de litterie. M. Leclère voyageait en chaise.

Aussitôt après avoir franchi les portes et dépassé les longs faubourgs extérieurs de la ville, nous laissâmes la route directe de Mongtsé sur notre droite et celle de Tong-Tchouan à gauche, et nous nous dirigeâmes vers l'Est-Sud-Est par la route de Pésé-Canton, que nous devions suivre jusqu'aux environs de Lou-Nan-Tchéou. A mesure que nous nous avancions, nous nous élevions insensiblement sur de vastes plateaux ondulés où la brousse remplaçait tristement les belles cultures de la vallée... Yun-Nan-Sen disparaissait dans le lointain, le lac vers le midi étincelait au soleil, et le sol, à mesure que nous montions, prenait une teinte générale rougeâtre, interrompue par une première arête Nord-Sud de pitons calcaires grisâtres qui bornait tout l'horizon vers l'Orient. Nous la traversâmes dans la soirée par un col de 2 330 mètres d'altitude, peu de temps avant d'arriver à Tesi-Tien, petit village où nous passâmes la nuit.

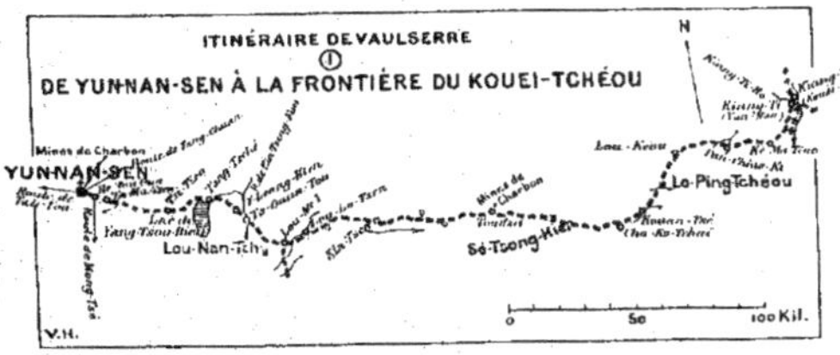

Tout alla bien pendant cette première journée; la colonne marchait assez serrée en file indienne, seule formation possible sur les routes chinoises, qui ne sont autre chose que des pistes. M. Leclère, dont les porteurs avaient une allure plus rapide que la caravane, marchait généralement en avant, tout en faisant avec M. Monod l'étude géologique du terrain. Quant à moi, je me tenais toujours tout à fait à l'arrière de la colonne,

ITINÉRAIRE DE YUN-NAN-SEN A PEN-CHIAO. (VOIR LA CARTE GÉNÉRALE PAGE 5.)

soit pour le mieux surveiller, soit pour ne pas être gêné dans mes mouvements, lorsque je m'arrêtais pour prendre mes alignements, mesurer mes angles et crayonner mes notes. D'ailleurs M. Leclère avait soin de ne pas trop nous distancer, afin de rester toujours à portée de la voix. On faisait une halte de cinq minutes toutes les heures et on s'arrêtait suffisamment au milieu de la journée pour décharger les chevaux, s'occuper du ferrage et soigner les animaux qui en avaient besoin.

Le temps était très frais, bien qu'il se maintînt au beau. M. Monod eut ce soir-là beaucoup à souffrir de la fièvre, et certes il eût été difficile de le soigner dans l'horrible auberge où nous étions. Le sol, recouvert de paille de sarrasin, interdisait l'usage du feu ; les murs, noircis par je ne sais quelle fâcheuse peinture, n'inspiraient pas le désir de les regarder ; heureusement que les ombres de la nuit qui tombent rapidement sous cette latitude, aussitôt après le coucher du soleil, nous dérobèrent cette vision.

Quant aux chevaux, ils avaient trouvé abri dans une écurie d'aspect peut-être plus attrayant que notre logement. L'usage en Chine est de les mettre si près les uns des autres que c'est à peine s'ils ont place pour se coucher ; d'ailleurs ils se soutiennent ainsi mutuellement et cela les empêche de se rouler, ce qui leur donnerait des plaies impossibles à guérir lorsqu'ils sont blessés sur le dos, parce que le sol des écuries n'est jamais garni

PLAINE D'I-LÉANG-HIEN (PAGE 16.) — DESSIN DE BOUDIER.

de litière et qu'il est toujours corrompu. Ils sont en général attachés à une mangeoire centrale devant laquelle ils se font vis-à-vis. Leur nourriture se compose de maïs, de fèves, de blé noir, de racines d'arachide ou d'avoine quand il y en a ; elle est complétée par de la brousse ou de la paille de maïs hachée [1].

Il est incroyable qu'avec une nourriture si peu substantielle, ces petits chevaux puissent résister aux fatigues journalières qu'on leur impose. A peine grands comme des poneys ils portent leurs cavaliers douze heures durant, et, invariablement, c'est un mauvais logis qui les attend.

Le lendemain nous fûmes sur pied de bonne heure, mais nous ne parvînmes pas à secouer la nonchalance de notre Ma-Ko-Teu, qui même fit mine de devenir insolent vis-à-vis de Joseph. Nous apprîmes aussi qu'il avait essayé de débaucher nos hommes en leur inspirant des craintes sur le danger qu'ils allaient courir sur la route de Lo-Ping-Tchéou menacée par les rebelles. Joseph lui-même était influencé par ses dires ; aussi décidâmes-nous de nous débarrasser à la première occasion de ce personnage qui devenait gênant.

Le soleil s'était levé radieux, plein de belles promesses pour la journée ; il allait nous permettre de jouir complètement du ravissant spectacle qui nous attendait. A peine avions-nous fait quelques pas hors du village que nous entrions dans des bois clairsemés de pins et d'autres arbres. Le chemin, bien battu, serpentait à travers une sorte de bruyère toute brillante encore de la rosée du matin, et louvoyait le long des pentes et des coteaux, lorsqu'à un détour nous nous trouvâmes tout à coup en face du plus joli lac qui se puisse voir, dans un encadrement de forêts qui aurait réjoui l'œil le moins disposé à se laisser séduire. Ces eaux d'émeraude tenaient tout le fond d'une assez profonde vallée et étaient dominées en face de nous par une haute montagne tapissée d'arbres verts, d'où ressortaient de ci, de là, d'énormes rochers dans un cadre harmonieux. Le lac tout ensoleillé n'était agité d'aucune vague, aucun vestige humain n'apparaissait sur ses bords. C'était le calme le plus parfait et le silence le plus absolu, bien propre à la contemplation, qui régnait dans cette jolie oasis.

1. On se procure ces denrées chez les habitants ; il en est de même des vivres des voyageurs, car dans une auberge chinoise on ne trouve que le logement et quelquefois un peu de thé dans celles qui sont très fréquentées.

Je rejoignis M. Leclère et M. Monod dans le fond de la vallée : je les retrouvai tout joyeux, émerveillés aussi de la vue de cette nappe d'eau qui maintenant s'étalait dans un fond montagneux comme dans un décor d'opéra.

Avant de nous éloigner nous voulûmes connaître de quel nom les Chinois avaient décoré ce joli lac : on nous répondit qu'il portait celui de la petite sous-préfecture de Yang-Tsou-Hien, sise sur son rivage méridional, et j'inscrivis un peu mélancoliquement ces syllabes barbares dans mes notes. Il nous fut aussi raconté qu'un dragon qui y sommeillait avait des réveils terribles et qu'alors dans sa fureur il soulevait des vagues énormes qui engloutissaient les frêles esquifs des pauvres pêcheurs.

Ce lac est de forme allongée Nord-Sud ; il paraît avoir 10 à 15 kilomètres de long et environ une demi-lieue de large. Son émissaire s'échappe par sa partie Nord que nous allions côtoyer. Il forme une petite rivière qui va se jeter au Nord d'I-Léang-Hien dans la rivière de Kin-Tsing-Fou, qui plus bas s'appelle Pa-Ta-Ho et encore plus en aval Hong-Choui-Ho et n'est autre que le grand bras du fleuve de Canton.

A peine la petite rivière est-elle sortie du lac qu'elle se trouve resserrée entre une falaise élevée et une sorte de pyramide rocheuse qui obstrue le passage sur laquelle est pittoresquement campée une grande pagode. Derrière cet étranglement la rivière suit son cours dans une nouvelle vallée couverte de belles cultures et de grands villages. Enfin au pied même de la pyramide est situé le gros bourg de Tang-Tché, célèbre par ses sources d'eaux chaudes.

Cette source bien connue des Chinois se trouve au milieu du village, tout près de la rivière ; elle est fort abondante et extraordinairement limpide : sa température s'élève à plus de 60 degrés, ce qui n'empêche pas les Chinois de s'y baigner. Tantôt ils s'y jettent et en sortent rouges comme des écrevisses, tantôt, assis sur les dalles qui entourent la source comme dans une piscine, ils n'y plongent que les pieds. Ils prétendent qu'elle est très efficace contre les maladies de peau.

Après avoir fait halte dans cette station balnéaire qui, après la création des chemins de fer, est destinée peut-être à devenir comme Aix-les-Bains ou Vichy le rendez-vous élégant des belles dames de Yun-Nan-Sen, nous franchîmes la vallée, puis nous escaladâmes une nouvelle arête Nord-Sud extrêmement escarpée. Après une ascension de deux heures nous atteignions le sommet à 2 200 mètres d'altitude. Là encore nous jouissons d'une vue superbe sur l'immense plaine d'I-Léang-Hien, admirablement cultivée, au milieu de laquelle serpente la belle rivière de Kin-Tsing, aux eaux calmes comme celles de la Seine. Après une descente très raide et très longue, nous entrions enfin dans la ville d'I-Léang-Hien et, afin d'être plus à l'aise, nous nous installâmes dans le grenier de l'auberge auquel on arrivait par une échelle. Les murs en bois étaient un peu à jour, mais nous n'étions plus qu'à 1 800 mètres d'altitude et déjà la température était devenue plus douce.

Le même soir, le sous-préfet de la ville que M. Leclère avait vu quatre mois auparavant à I-Men-Hien dans le Sud-Ouest de Yun-Nan-Sen, vint en grande pompe nous faire visite dans notre grenier. Il s'excusa de ne pas nous avoir trouvé un meilleur logis, fut très aimable, nous fit toutes sortes de compliments sur les étrangers et en particulier sur les Français, et il ajouta que son fils apprenait à Canton le français et l'anglais. Il nous demanda même si nous ne pourrions pas le recommander afin d'obtenir pour lui un emploi dans les travaux du chemin de fer de Yun-Nan-Sen.

LAC DE YANG-TSOU-HIEN PRÈS DE TANG-TCHÉ. — DESSIN DE GOUDIER.

Le lendemain 31 décembre, Joseph porta nos cartes chez le mandarin et vers neuf heures nous quittions I-Léang-Hien. Cette petite ville doit compter environ 15 à 20 000 habitants et est, comme tous les chefs-lieux de district, munie d'une enceinte fortifiée ; elle s'élève au milieu de la vallée en amphithéâtre sur un mamelon,

RIVIÈRE DE KOU-TSIN-FOU PRÈS D'I-LÉANG-HIEN PENDANT LA SAISON SÈCHE. — DESSIN DE TAYLOR.

et dans sa partie haute elle est dominée par une large pagode aux toits gondolés. La plaine s'étend unie comme une table jusqu'au pied des montagnes : cette disposition facilite un système d'irrigation bien compris, suivant lequel des rigoles retenues entre de petits tertres étanches apportent la fraîcheur en même temps que la fertilité. Elle est fort large, et en ce moment était couverte dans toute son étendue d'immenses champs de fèves déjà hautes et en fleurs malgré le plein hiver. La route qui nous conduisait à la rivière est maintenue dans tout son parcours sur une haute chaussée bordée de grands arbres. Des bandes de grues cendrées passaient sur nos têtes avec des cris rauques, tendant le cou et allaient à grands battements d'ailes se poser dans les champs voisins sans pourtant nous permettre de les approcher. Une brume légère enveloppait encore d'une gaze de pourpre toute la campagne ; c'est ainsi que nous arrivâmes au bord de la rivière, où nous ne trouvâmes qu'une mauvaise passerelle composée d'un étroit tablier en planches sur de chancelants tréteaux. La rivière avait cent mètres de large ; ce passage eût été impraticable pour tous autres animaux que des chevaux chinois. Mais l'habitude aidant il n'y eut pas la moindre hésitation de leur part.

Quelques bateaux de passeurs qui restaient inactifs le long des berges me font croire que cette passerelle n'était que provisoire, et j'estime qu'aux premières crues elle a dû être emportée. Elle était construite en face du grand village de Ta-Ouan-Tou dont les maisons se succèdent sur la rive gauche.

Peu après ce village, nous quittions la plaine d'alluvions et nous nous rapprochions d'une grande arête qui se dressait devant nous, semblable aux trois précédentes que nous avions déjà franchies depuis Yun-Nan-Sen. Le terrain s'élevait insensiblement jusqu'au pied de la montagne et nous marchions tantôt au travers de superbes châtaigneraies dignes de la Provence ou du Dauphiné, tantôt dans des longues plantations d'amandiers et de pêchers exposés au soleil couchant. Enfin il fallut faire l'ascension de la montagne et remonter à 2 140 mètres d'altitude pour ensuite redescendre dans la plaine de Lou-Nan-Tchéou et du Lou-Mé-1, où le Père Vial nous attendait.

Du haut de la montagne, comme la veille au-dessus d'I-Léang-Hien, nous eûmes un panorama fort intéressant ; il nous révélait un pays d'aspect tout nouveau. Lou-Nan-Tchéou se trouvait bien au milieu d'une plaine comparable par sa fertilité à celle d'I-Léang-Hien, mais ses approches paraissaient déjà plus sauvages. Puis un peu plus haut, vers le Nord, les maisons éparses de Lou-Mé-I, cachées derrière quelques bouquets de bambous, s'éparpillaient dans la campagne non loin de petits vallons fort bien cultivés, mais séparés les uns des autres comme des oasis de culture, par des reliefs arides, aux reflets rougeâtres d'où sortaient une multitude de pierres levées grisâtres, affectant les formes les plus bizarres. Tantôt on aurait cru voir les monuments de la plaine de Carnac, tantôt de vastes nécropoles dont le temps aurait encore respecté les murs et les hauts édifices. La vie semblait avoir disparu du milieu de ces rochers et le terrain s'en allait ainsi vers l'horizon, déchiquetant le ciel de curieuses silhouettes. A peine avions-nous achevé la descente que nous quittâmes la route de Pé-Sé, qui s'en allait vers Lou-Nan-Tchéou en obliquant plus au Sud.

Nous arrivâmes à Lou-Mé-I, à la tombée du jour. En présence de ses nombreux chrétiens assemblés, le Père Vial nous reçut à bras ouverts, Il avait réuni pour la circonstance quelques missionnaires des environs qui se faisaient une fête de voir des compatriotes. C'était le Père Liétard, ancien procureur de Yun-Nan-Sen, le Père Henri Maire dans la mission duquel nous devions passer dans quelques jours et le Père Rosillon.

De suite le Père Vial nous fit les honneurs de son Tien-Tchou-Tan et nous distribua des chambres très proprettes qui nous dédommageaient agréablement des vilains taudis des auberges chinoises.

L'honneur de la création de la mission de Lou-Mé-I revient tout entier au Père Vial. C'est lui qui l'a fondée et qui l'a édifiée, tant grâce à son énergie et à son zèle apostolique, qu'au moyen des secours généreux de quelques bienfaiteurs, de ceux-là même qui, dès son enfance, contribuèrent à faire de lui un prêtre et qui depuis n'ont pas cessé de s'intéresser à l'œuvre si chrétienne et en même temps si patriotique dont il poursuit l'achèvement avec ardeur. Aussi est-ce avec amour qu'il nous fit voir sa chapelle toute pleine de néophytes, sa demeure petite mais gracieusement installée sur la cour tout à côté, et ses communs où les chrétiens n'ont pas de plus grand plaisir que de venir voir le Père qui est si bon pour eux.

C'est avec une joie vraiment charmante qu'il nous disait : « Regardez tout cela, rien ne m'appartient, mais c'est l'œuvre du bon Dieu puisque ce sont des cœurs généreux qui me permettent de faire tant d'heureux autour de moi; » et pourtant le bon Père ne leur donne rien; si, pourtant; je me trompe; il leur répète cette parole qui a conquis le monde : « Aimez-vous les uns les autres. »

Il est vrai d'ajouter, et je ne pense pas que le Père Vial me contredise, que la population sur laquelle il exerce une si paternelle influence a l'esprit plus ouvert que les Chinois en général.

Et en effet le Père Vial apporte la bonne parole à une peuplade lolote fixée depuis longtemps dans cette province; ils y forment de ci, de là, des colonies que l'on rencontre un peu dans tout le Nord et l'Est, surtout dans la région accidentée qui s'étend jusqu'à la frontière du Koual-Tchéou. Ils sont les débris d'une race qui eut son temps de gloire et de grande prospérité. Très puissants au Yun-Nan et au Sé-Tchouen, les Lolos soutinrent longtemps une lutte acharnée contre les Chinois; mais à la longue ils furent vaincus et les nouveaux venus achevèrent leurs conquêtes, d'abord par des massacres, puis en refoulant leurs adversaires dans les régions montagneuses. Devenus maîtres des plaines et des vallées fertiles, les Chinois se contentèrent dans la suite de surveiller militairement les confins de quelques territoires qui restaient aux Lolos. Peu à peu, au Yun-Nan, la résistance devenant im-

possible, les Lolos se soumirent et obtinrent des conditions plus ou moins avantageuses; c'est ainsi que dans certaines localités ils conservèrent leurs chefs héréditaires auxquels les Chinois reconnurent le titre de *Ton-Se* (maître de la terre) et une certaine autorité.

PEUPLADES LOLOS DE LOU-MÊ-I ET DU LÉANG-CHAN. — DESSIN DE MIGNON.

Depuis lors, les Lolos se maintiennent là où les ont refoulés les Chinois, et aujourd'hui ils vivent selon leurs usages et leurs coutumes, groupés autour de quelques villages, mais sans grande harmonie avec leurs ennemis qui continuent à les ruiner par le commerce et les procès.

C'est dans ces conditions que le Père Vial les trouva il y a quelques années lorsqu'il pénétra chez eux. Il eut la bonne fortune d'y être bien accueilli et aujourd'hui il a la satisfaction de voir que ses efforts ne sont pas vains; bien au contraire, beaucoup demandent le baptême et ce mouvement vers le christianisme s'étend de plus en plus.

Ces Lolos du Yun-Nan me parurent moins grands et moins rudes que ceux que j'avais vus quelques mois auparavant au Sé-Tchouen dans le Léang-Chan, où ils sont encore indépendants, derrière le fleuve Bleu qui leur sert de barrière depuis Pin-Chan jusqu'au Sud de sa boucle. Je ne sais si l'existence qu'ils mènent là-bas, dans leurs hautes montagnes qu'ils appellent *Lao-Ling* (vieilles forêts), et qui passent aux yeux des Chinois pour être le nid des Lolos, leur est plus favorable, mais ils sont généralement d'une constitution plus robuste, d'un teint plus basané, et ont la tête bien carrée. Ces différences exceptées, ici comme là-bas ils ont les traits réguliers, le nez saillant et droit, le front large et les yeux nullement bridés. Leurs cheveux redressés en avant forment une corne d'un demi-pied qui s'élève toute droite sur leurs fronts. La plus grande injure qu'on puisse leur faire, est d'y porter la main.

Au Léang-Chan, les femmes sont également plus grandes; on rencontre quelquefois chez elles des types très réguliers et des traits qui ne dépareraient pas des visages européens. Elles portent de longues robes serrées à la taille qui tombent en longues jupes plissées jusqu'à leurs pieds. La casaque est bordée de larges parements rouges ou bleus et le col pincé droit enserre agréablement le cou. Sur la tête, une sorte de turban en forme de toque, enrichi de coquillages ou de perles, leur donne une tournure fort élégante qu'on est surpris de rencontrer au milieu de la Chine. Leurs pieds ne sont nullement mutilés, leurs tailles sont sveltes; la poitrine est bien développée, les mains fines; de loin, elles donnent parfois l'illusion de grandes dames, lorsqu'elles se promènent dans les rues de leurs villages.

Quant aux hommes, ils portent des vêtements de grosse toile et, par-dessus, de larges manteaux en forme de dalmatique. Ce vêtement chaud mérite une description. Il se compose d'une simple couverture, habituellement brune, très épaisse, ouverte en son milieu par un trou où l'on passe la tête, et tombe devant et derrière, laissant les bras libres; la ceinture est serrée par une courroie.

A Lou-Mé-1, les hommes sont plutôt petits, mais ils parlent le même langage que leurs frères du Léang-Chan, ou tout au moins leurs caractères d'écriture sont les mêmes. Les femmes sont aussi d'un ensemble moins élancé, bien qu'elles soient encore beaucoup plus séduisantes que les Chinoises. Elles n'ont pas le petit pied comme elles et leurs vêtements ont des formes tout à fait spéciales. Elles portent la robe à jupe courte; le bleu et le rouge dominent dans leurs costumes; le cou est dégagé et sort d'un large col marin rayé qui tombe sur les épaules; un grand tablier rouge à broderies sur les bords part de la poitrine et, serré sur la ceinture, tombe le long de la jupe. La jambe est emprisonnée dans des houseaux de toile; enfin elles portent des chapeaux plats à tresses de couleurs voyantes, et leurs oreilles sont ornées de boucles d'argent ou de coquillages.

PLAINE DE LOU-MÉ-1. — DESSIN DE BOUDIER.

En principe, les Lolos ne se marient qu'entre eux; jamais un Lolo n'épouserait une Chinoise; mais il arrive que les Chinois se laissent séduire par les jeunes filles loïotes. Toutefois ces unions sont peu fréquentes et ne sauraient avoir une influence sur le type en général.

Ces peuplades du Yun-Nan sont tout à fait soumises. Ainsi qu'il a été dit plus haut, leurs Ton-Se n'ont conservé qu'une ombre d'autorité; il n'en est pas de même dans le Ta-Léang-Chan (grande montagne froide), où les Lolos sont restés entièrement les maîtres. Là, leurs princes ne reconnaissent à la Chine aucun droit de suzeraineté. Ils sont encore en guerre constante avec elle et y défendent énergiquement le dernier refuge de leur indépendance. Sur les confins de ce pays, les quelques princes qui ont fait leur soumission sont restés de grands seigneurs, et l'autorité impériale n'exerce sur eux qu'un simple protectorat. Ils peuvent encore afficher sur la porte de leurs vastes yamens cette fière inscription que je pus lire sur le porche du Ton-Se de Togné-Tse, dont la principauté s'étend dans la partie la plus méridionale de la boucle du fleuve Bleu : « Mon pouvoir est au Sud et mon nom est respecté dans toute la Chine ! »

Quel que soit le clan dont les Lolos du Père Vial fassent partie, ils étaient tout à fait de nos amis. Très enjoués, bons enfants, ils nous suivaient partout. Hommes, femmes, enfants, dans les costumes les plus bizarres, tous venaient nous voir, pénétraient dans la salle où nous étions réunis et couvraient d'une grappe humaine l'escalier extérieur et le balcon qui entoure la maison du Père. Ils assistèrent ainsi

RÉCEPTION DES VOYAGEURS PAR LES LOLOS CHRÉTIENS DE TOUDZA. (PAGE 24.)
COMPOSITION DE Mⁿᵉ PAULE CRAMPEL.

à notre dîner, puis s'en allèrent gaiement, comme ils étaient venus, en gens heureux et satisfaits. C'est ainsi que nous terminâmes l'année 1898.

Avant que nous nous retirerions le Père Vial insista pour que nous prolongions notre séjour chez lui. Aimable proposition à laquelle nous consentîmes d'autant plus volontiers que nous avions à faire quelques changements dans notre personnel et aussi dans notre cavalerie déjà très éprouvée par les étapes dernières.

Donc le lendemain qui était le premier de l'an notre réveil fut salué par des souhaits réciproques et après avoir pris, autant que je m'en souviens, un peu de café au lait, déjeuner qui a bien son mérite, en Chine

1. L'été précédent, j'avais longé sur les rives du fleuve Bleu le Léang-Chan et j'ai eu l'heureuse fortune de me procurer deux cartes chinoises donnant des détails très précis sur cette région et indiquant les cantonnements de l'armée chinoise chargée de contenir les Lolos dans leur territoire. Ces cartes, que j'ai eu l'honneur d'offrir à l'État, sont déposées à l'École des Langues Orientales où sont concentrés les renseignements recueillis sur le Léang-Chan.

plus que partout ailleurs, nous assistâmes à la messe du PèreVial. La chapelle était toute pleine et les chants des Lolos n'étaient pas plus harmonieux que ceux de Yun-Nan-Sen. Mais les deux petits sauvages qui servaient la messe étaient réellement amusants. Revêtus de leurs robes et de leurs turbans rouges, ces deux enfants de chœur n'étaient pas plus hauts qu'une botte. Ils étaient obligés de se soulever sur la pointe des pieds pour saisir le missel; attentifs à tout, ils mettaient dans leurs gestes une prestesse extraordinaire, mais très correcte.

L'après-midi, pour charmer nos loisirs, nous prîmes nos fusils et nous allâmes nous promener avec les Pères Liétard, Henri Maire, et Tossillon, dans un bois où les Lolos vont faire leurs dévotions autour d'une pierre. Nous y tuâmes quelques tourterelles.

Au dîner, le Père Vial nous raconta comment il y a deux ou trois ans il fut laissé pour mort dans sa maison même, victime d'une tentative d'assassinat au milieu de la nuit. Des voleurs avaient pénétré dans les communs, s'étaient jetés sur lui au moment où il allait voir ce qui se passait et l'avaient frappé de plusieurs coups de couteau en pleine poitrine. Il nous expliqua comment il parvint, malgré ses blessures, à s'échapper et à se faire entendre de ses braves Lolos, qui accoururent à ses appels et mirent en fuite ses agresseurs.

Le Père Vial fut relevé très grièvement blessé, et, dans l'isolement où il se trouvait, il n'eut d'autre ressource que de s'adresser au médecin chinois du pays, sorte de sorcier qui trouva moyen de le remettre sur pied. Dès que ses forces lui permirent de risquer le voyage, il se rendit au sanatorium de Hong-Kong, mais là une opération ayant été jugée nécessaire, il dut aller à Paris où on lui fit avec succès l'ablation de plusieurs côtes. Le Père Vial se remit et aussitôt il revint avec le même courage reprendre son apostolat auprès de ses Lolos. Aujourd'hui il est en parfaite santé, son heureux caractère n'est nullement resté impressionné par les affreuses souffrances qu'il dut subir le long des mauvaises routes chinoises pour regagner Hong-Kong et lors de son opération: tel qu'un brave soldat il a repris son poste, ayant fait pour son œuvre le sacrifice de sa vie.

Le 2 janvier il nous conduisait à quelque distance de Lou-Mé-1, dans une contrée toute parsemée de récifs et Messieurs les géologues purent à leur aise enrichir leurs minéralogiques collections de productions qui témoignaient que ces récifs appartenaient à l'époque carbonifère.

Au retour, nous trouvions au Tien-Tcheou-Tan M. Bride qui faisait comme nous partie de la Mission française des chemins de fer de pénétration en Chine; il devançait d'un jour le capitaine Bourguignon, dont il nous annonça la visite pour le lendemain. Il arrivait de Mongtsé et s'en allait à Yun-Nan-Sen. Sa caravane était restée à Lou-Nan-Tchéou et il devait repartir le lendemain. Il nous apprit que le capitaine Bourguignon devait rejoindre M. Viard à Yun-Nan-Sen, que de là ils devaient remonter vers Soui-Fou, l'un par Tchao-Tong et Tong-Tchouan, l'autre par Pé-Tsi-Hien et Young-Nin-Hien et qu'ensuite ils reviendraient à Hanoï par Tchang-Haï et Hong-Kong.

Dans l'après-midi, j'allai avec le Père Liétard et M. Monod longer le bord des étangs du voisinage; quelques heures après nous rapportions deux beaux canards mandarins et lorsque nous revînmes à la maison nous y trouvâmes le capitaine Bourguignon qui venait d'arriver. Jamais le Père Vial n'avait vu tant de Français se succéder ainsi chez lui; la soirée fut fort gaie.

Le lendemain, le capitaine Bourguignon reprit sa route vers Yun-Nan-Sen, chargé de nos souhaits pour nos compatriotes; le Père Henri

PONT DE LO-PING-TCHÉOU. — DESSIN DE TAYLOR.

Maire nous quitta en nous donnant rendez-vous chez ses Lolos à Toudza, et le reste de la journée ainsi que le lendemain fut employé à nos préparatifs de départ. De Toudza nous devions passer par Se-Tsong-Hien et Lo-Ping-Tchéou. Le 4 janvier nous renvoyons notre Ma-Ho-Ten. Se croyant un personnage, il ne s'attendait pas à une si prompte décision; pourtant il n'en parut pas troublé, car aussitôt qu'il fût libre nous le vîmes avec satisfaction prendre la route de Yun-Nan-Sen avec quatre mulets qui lui appartenaient et qu'il nous avait loués. Ce vide dans notre cavalerie fut bientôt comblé par l'acquisition de cinq chevaux; en outre un de nos ma-fous s'étant

laissé convaincre du danger qu'il y avait à aller plus loin, nous le remplaçâmes par trois Lolos. Cette exécution rapide eut un effet très salutaire, en groupant dans la main de Joseph tout le personnel. Le ma-fou qui fut désigné pour remplacer le Ma-Ho-Ten était un brave chrétien nommé Tchang qui ne demandait qu'à bien faire; mais en lui donnant la surveillance générale des tolsa, nous nous gardâmes bien d'en faire un personnage comme le précédent.

Le 6 janvier la caravane était prête de bonne heure, nous dîmes adieu à nos honorables hôtes

PLAINES ET MONTAGNES DU LO-PING-TCHÉOU. — DESSIN DE BOUDIER.

et nous reprîmes notre marche dans l'Est. A peine avions-nous fait quelques pas que nous nous engagions sur un plateau légèrement incliné, couvert de récifs enlisés dans une terre rougeâtre qui ne laissait voir que leur tête. Jamais je n'avais vu une région qui puisse se comparer à celle-ci. Ces rochers nus qui sortaient de la croûte terrestre comme des monolithes me paraissaient étranges, et naturellement il me vint à l'idée d'approfondir les mystères qui avaient présidé à leur naissance et donné à la nature des formes si bizarres. J'eus donc recours à mes deux savants camarades et voici le résumé de ce qu'ils me dirent.

Tout d'abord ils avaient remarqué que le pays qui s'étend depuis Lao-Kaï jusqu'à Yun-Nan-Sen et depuis Yun-Nan-Sen jusqu'aux hautes montagnes de Tong-Tchouan était de la même formation géologique que le sol où nous nous trouvions. Les fossiles qu'ils avaient recueillis en faisaient foi et prouvaient, comme les productions de Lou-Mé-I, que ces récifs étaient nés pendant l'époque carbonifère [1].

A cette époque, à l'exception de quelques îlots de terrain plus ancien, la Chine méridionale était sous les eaux, et une multitude de madrépores, tout semblables à ceux d'Océanie, sécrétèrent les récifs que nous avions sous les yeux. Mais à la suite d'un soulèvement extrêmement lent qui refoula au loin la mer, la construction des récifs fut arrêtée. Pendant la période permienne le sol fut de nouveau submergé. Les nouvelles mers laissèrent des dépôts qui enlisèrent les récifs dans une vase épaisse; mais de nouveau le sol subit un mouvement de bascule qui le fit émerger des flots. Alors il fut soumis à l'action des pluies de l'époque pliocène qui par ses érosions creusa les dépôts permiens et mit à nu les récifs.

Bientôt après l'aspect du pays que nous traversions changea : à ces rochers épars succédèrent de véritables pyramides ou pitons dénudés, d'abord isolés, puis groupés, placés çà et là sur le plateau uni. Il fallait contourner leur base pour avancer et nous marchions au travers d'une multitude de récifs coniques, lorsque nous nous trouvâmes en face d'une traînée de ces mêmes pitons formant une arête assez élevée Nord-Sud qu'il nous fallut franchir.

De belles cultures couvraient le sol plat entre les pyramides, mais celles-ci, dépouillées de leur enveloppe permienne, laissaient voir à nu les rochers couverts de bosses et d'excavations curieuses.

L'aspect resta le même tout le reste de l'étape et pendant la journée du 7 janvier. Pourtant, à mesure que nous approchions de Toudza la forme aiguë des pitons s'arrondissait, et, serrés les uns contre les autres, ils arrivaient à constituer un véritable massif montagneux, nullement érodé, couvert de bois de pins et de fourrés broussailleux. Bientôt la plaine disparut et nous nous trouvâmes ainsi tout à coup en pays de montagnes. Peu après avoir dépassé une arête de 2 200 mètres, Toudza nous apparut dans une gorge à

1. Les observations qui furent faites dans la suite par la mission au Kouei-Tchéou et au Kouang-Si fournirent les mêmes constatations. On peut donc appliquer à la presque totalité de la Chine méridionale la même évolution terrestre.

mi-coteau, accroché à la pente au milieu d'arbres de toutes sortes. Aussitôt nous nous trouvâmes entourés d'une population nombreuse. C'étaient les Lolos qui nous souhaitaient la bienvenue et qui venaient au-devant de nous conduits par le Père Henri Maire. A peine avions-nous serré la main au Père que les cymbales, les gongs, les trompes et même les flageolets se firent entendre.

Le village de Toudza est formé de pauvres petites maisons basses, en terre damée et couvertes de chaume. Le Père Maire n'y dispose que d'une petite maison où il nous offrit l'hospitalité.

C'étaient plutôt les femmes et les enfants qui étaient venus à notre rencontre. Cela n'avait rien de très flatteur, pourtant, comme nous en étions surpris, il nous fut répondu que tous les hommes étaient partis à la poursuite d'une panthère et que la chasse les avait entraînés assez loin. L'avant-veille ils en avaient pris deux qu'ils avaient poussées, avec le concours de leurs chiens, dans leurs pièges. J'aurais vivement désiré assister à cette chasse ; mais, outre qu'il aurait fallu savoir quelle direction elle avait prise, je désirais aller reconnaître avec M. Leclère et M. Monod les gisements de houille qu'on nous avait signalés à Toudza.

Dirigés par le Père, nous nous éloignâmes du village et après avoir fait l'ascension d'un col, nous nous trouvâmes en face d'une véritable exploitation houillère qui s'étendait sur tout le flanc du coteau, de l'autre côté d'un vallon. Les galeries nous montraient leurs sombres ouvertures et toute une population d'ouvriers transformait ce lieu en une fourmilière. De nombreux ouvriers, n'ayant pour tout vêtement qu'une couche noire de charbon, étaient occupés à l'extraction de la houille. Les uns sortaient des galeries attelés à des traîneaux et apportaient le charbon, que d'autres le disposaient en tas prêts à être emportés. Non loin de là d'autres entouraient des moules revêtues de terre d'où s'échappaient quelques fumées. Ils avaient à distiller le charbon et à grouper avec soin le coke. D'autres chargeaient leurs hottes et s'en allaient au loin porter leurs fardeaux.

La quantité de charbon qui s'extrait journellement à Toudza est sans importance, si on la compare aux produits de nos mines. Ici, l'exploitation est limitée par le manque absolu des routes et des moyens de transports. Le gisement nous parut très puissant, donnant de la houille grasse très pure qui a seulement le défaut d'être un peu friable. La houille est le combustible courant de toute cette région ; les Chinois l'emploient tantôt à l'état naturel, tantôt réduite à l'état de coke, soit pour leurs forges, soit pour leurs ménages.

En Chine il n'y a aucune législation qui régisse les mines de charbons, non plus que les gisements de cuivre. Pour ces derniers chacun a le droit d'y puiser le minerai qui lui plaît ; mais le commerce du cuivre est un monopole de l'État : en sorte que les Chinois qui exploitent ces mines ne peuvent vendre le minerai qu'à des mandarins spéciaux chargés du commerce du cuivre. J'ai constaté cette organisation dans les districts miniers du cuivre sur les bords du fleuve Bleu au Sud de Mong-Kou dans le Yun-Nan, et au Se-Tchouen au Sud de Houi-Li-Tcheou. Pour la houille tous les habitants du village sur le territoire duquel se trouve la mine ont droit de la puiser à leur gré.

La charge d'un cheval est de 60 kilos ; ce poids de houille vaut cinquante sapèques (20 centimes), rendement insuffisant pour en permettre l'exportation. Finalement dans l'état actuel un mineur peut gagner 150 sapèques par jour (60 centimes), ce qui là-bas est un salaire très rémunérateur.

CHAPITRE III

De la frontière du Kouei-Tchéou à Kouy-Yang-Fou

Voisinage des Rebelles. - Plaine de Lo-Ping-Tchéou. - Kouang-Tsao-Pa. - Des quelques ennuis qu'on rencontre dans les auberges chinoises. - King-Y-Fou. - Gisement de cinabre et mine de charbon de Lain-Mou-Tchang. - La faille du Hoa-Kiang. - La cascade de Huang-Ko-Chou. Gan-Chouen-Fou, orphelinat du P. Lami. - Comment Gan-Chouen-Fou fut protégé des dévastations par son mandarin pendant la guerre de Miao-Tse.

LA petite maison du P. Maire ne tarda pas à se remplir de Lolos revenus de la chasse sans succès mais très désireux de satisfaire leur curiosité. Nous n'eûmes pas la cruauté de contrarier ces braves gens, qui se montraient infiniment plus sympathiques que les populations chinoises. Leurs yeux étaient moins inquisiteurs et s'ils se permettaient quelques privautés, telles que de tirer de nos poches les objets que nous y avions, leurs visages bons enfants témoignaient qu'ils n'avaient aucune mauvaise intention. De sorte que nous eûmes nombreuse société jusqu'à l'heure de l'extinction des feux. Il est probable que nous leur produisîmes bon effet, car à leur tour, voulant nous faire honneur ils revêtirent le lendemain leur plus brillants costumes et, musique en tête, hommes, femmes, enfants nous escortèrent en gambadant jusqu'à la limite de leur territoire.

Le pays de Toudza est un relief extrêmement raviné : tantôt nous étions sur des crêtes dont la vue étendue nous permettait de voir la plus haute montagne de la région dans la direction de Lo-Ping-Tchéou, tantôt plongés dans des crevasses, nous longions des fonds de ravins par des chemins détestables. Nous arrivions ainsi à Se-Tsong-Hien, petite sous-préfecture située à la sortie Est du massif montagneux que nous venions de traverser et en bordure d'une grande plaine. Nous trouvâmes la ville gardée par des soldats. Les bandes de pirates dont on avait parlé à Yun-Nan-Sen tenaient la campagne, et les troupes échelonnées dans les centres de la région protégeaient les mandarins et manœuvraient aux environs pour refouler les rebelles sur le Kouang-Si. Nous n'en partîmes pas moins le lendemain à l'heure habituelle et nous traversâmes la plaine nue de Se-Tsong-Hien où je tuai une belle grue cendrée.

3

Nous espérions arriver le soir même à Lo-Ping-Tchéou, mais l'étape était plus longue que nous ne le pensions et le pays devenait si difficile au delà de la plaine de Se-Tsong-Hien que notre marche fut très ralentie.

Nous fûmes donc obligés de nous arrêter à la tombée de la nuit dans un petit hameau appelé Cha-Ko-Tchai où nous trouvâmes asile dans un grenier au moment où une pluie glaciale commençait à tomber avec violence. Notre escorte avait requis tous les hommes valides pour nous garder ; le village fut barricadé et le rez-de-chaussée de notre logis envahi par nos défenseurs.

La pluie fit rage toute la nuit et le lendemain un brouillard épais empêchait d'y voir à cinquante pas. Nous partîmes quand même, mais le chemin détrempé était devenu si glissant dans les ravins, véritables coupe-gorges, que les chevaux ne se tenaient debout que par un prodige d'équilibre. Plusieurs roulèrent dans les précipices, mais assez heureusement pour que nous n'eussions aucun accident à déplorer ; enfin vers le soir, sous une pluie battante, nous débouchions dans la plaine de Lo-Ping-Tchéou. Des bandes innombrables de grues cendrées picoraient dans les champs.

Nous trouvâmes Lo-Ping-Tchéou occupé militairement, et la population inquiète, les rebelles se trouvant à peu de distance dans le Sud. Réflexion faite, nous décidâmes de séjourner pendant la journée du 11 janvier. Beaucoup de raisons nous y déterminaient. M. Monod était depuis deux jours très péniblement éprouvé par la fièvre. M. Leclère, quoique moins souffrant, en était aussi atteint ; nos hommes et nos chevaux avaient besoin de se sécher et paraissaient très fatigués des deux dernières marches ; enfin, Lo-Ping-Tchéou était la dernière préfecture que nous devions rencontrer dans le Yun-Nan. Il était donc de bonne politique de faire part aux mandarins de nos projets, afin que notre passage du Yun-Nan au Kouei-Tchéou s'exécutât dans de bonnes conditions.

Nous envoyâmes donc nos cartes au Tchéou, qui vint aussitôt nous faire sa visite ; il avait été prévenu par le vice-roi de notre arrivée, de sorte qu'ils nous accorda toutes les mesures de précautions désirables. Satisfaits sur ce point, nous repartions le matin du 12, en suivant la vallée dans la direction du Nord, pendant que 200 soldats chinois allaient dans le Sud de Lo-Ping-Tchéou prononcer une diversion contre les pirates.

La vallée de Lo-Ping-Tchéou est une des plus belles du Yun-Nan ; couverte de riches cultures, elle s'étend sur un grand espace en s'allongeant du Nord au Sud. A l'Ouest, elle est bornée par le haut massif de Se-Tsong-Hien, d'où surgit, comme une dent élevée, la montagne de Lo-Ping-Tchéou, qui depuis Toudza nous indiquait notre direction, comme l'étoile des mages. C'est le point le plus élevé de toute la région ; nous estimâmes sa hauteur à plus de 3 000 mètres.

Le massif de Toudza à Se-Tsong-Hien forme du côté du Kouei-Tchéou le rebord du plateau du Yun-Nan. L'altitude de Cha-Ko-Tchai est de 2 000 mètres, celle de la plaine de Lo-Ping-Tchéou de 1 500 ; il ne nous restait plus, pour atteindre le bras du fleuve de Canton qui sert de frontière entre les deux provinces, que de traverser une arête secondaire.

Elle se dessinait devant nous, affectant des formes encore plus extraordinaires que toutes celles que nous avions vues, tant les pitons en cônes pointus étaient accentués. Un beau soleil matinal dorait ce spectacle étrange pendant que nous longions la plaine, et à midi nous faisions halte auprès d'un marché en pleine campagne qui me rappela les assemblées de Bretagne dans les landes du Morbihan ; enfin, aussitôt après, changeant de direction, nous nous engagions dans la région des pitons.

Le soir, nous couchions à Pan-Chiao-Ki, grand village dominé par une forteresse perchée comme un nid d'aigle au sommet d'un récif. On nous raconta qu'il avait été construit par le vice-roi du Yun-Nan, Tchen, il y a une trentaine d'années, lorsque, après avoir écrasé l'insurrection musulmane dans le Yun-Nan, il lui fallut protéger cette province contre les Miao-Tse du Kouei-Tchéou, qui, à leur tour, venaient de se révolter. Après avoir réuni ses troupes devenues disponibles, Tchen les échelonna le long de la frontière dans des postes fortifiés, pour

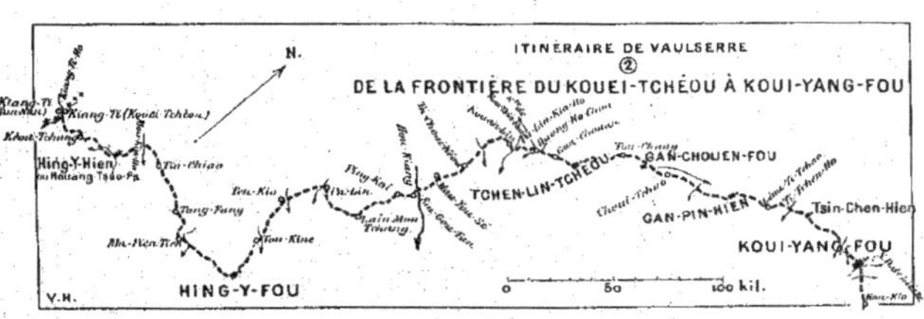

DE LA FRONTIÈRE DU KOUEI-TCHÉOU À KOUY-YANG-FOU.

empêcher les Miao-Tse de s'étendre dans le Yun-Nan où ils auraient pu donner la main aux Lolos.

A cette époque, les Miao-Tse, alliés aux Tchong-Kia, étaient beaucoup plus puissants qu'ils ne le sont aujourd'hui : ils occupaient tout le Sud du Kouei-Tchéou et y jouissaient d'une certaine indépendance.

PASSAGE DU KIANG-TI-HO À LA FRONTIÈRE DU YUN-NAN ET DU KOUEI-TCHÉOU. — DESSIN DE MASSIAS.

Aux bruits des succès des Musulmans, pensant profiter des embarras chinois, ils levèrent l'étendard de la révolte, entraînèrent à leur suite les populations Tchong-Kia de Hing-Y-Fou et du Sud-Est du Kouei-Tchéou, chassèrent les Chinois de leur pays et entreprirent une lutte acharnée dans le but de conquérir leur complète indépendance. Malheureusement pour eux cette insurrection se produisit au moment où la ville de Tali tombait au pouvoir des Chinois. Ceux-ci se retournèrent donc avec toutes leurs forces contre leurs nouveaux adversaires et profitèrent de leur supériorité pour en finir une fois pour toutes avec ces populations turbulentes. Les Miao-Tse furent donc écrasés, égorgés dans leurs villages; hommes, femmes, enfants, rien ne fut épargné; en peu de temps, la contrée naguère riche et fertile était transformée en un désert jonché de cadavres qui devinrent la proie des bêtes fauves. Il restait à peine le tiers des habitants lorsque les Chinois se lassèrent de massacrer.

Nous allions donc voyager dans une province appauvrie par la guerre, et pouvoir, à trente ans de distance, juger, par le spectacle des ruines, combien les luttes humaines sont atroces lorsque l'âme des peuples n'est pas adoucie par un sentiment de pitié.

Le 13 janvier, sous une pluie battante, nous descendions les derniers contreforts du Yun-Nan et nous atteignions, au fond d'une gorge sauvage, non loin du petit village de Kiang-Ti, une forte rivière qui sert de limite au Kouei-Tchéou.

Cette rivière en cet endroit porte le nom de la localité, Kiang-Ti-Ho; elle descend du district de Ping-Y-Hien et reçoit sur sa rive droite, à quelques heures plus en aval, le Pa-Ta-Ho. La réunion de ces deux rivières forme le Hong-Choui-Ho, grand bras du fleuve de Canton. Par suite d'une récente rectification de frontière, le Hong-Choui-Ho sépare le Kouei-Tchéou du Kouang-Si, jusqu'au point où il prend une direction prononcée vers le Sud.

A Kiang-Ti, la rivière n'est qu'un volumineux torrent, qu'il fallut passer au moyen d'une mauvaise barque. On déchargea les chevaux et on commença par le transbordement des bagages; mais cette longue opération ne fut pas du goût de nos chevaux qui, dans leur précipitation, se jetèrent à la nage et franchirent fort heureusement la rivière, malgré le rapide courant qui les entraînait.

Le lendemain, 14 janvier, toujours par un temps détestable et des sentiers défoncés, nous remontions péniblement les berges du plateau du Kouei-Tchéou et le soir nous faisions étape dans une sous-préfecture appelée Houang-Tsao-Pa ou encore Hing-Y-Hien. Cette ville, dont l'enceinte n'a pas encore été entièrement réparée, s'est pourtant relevée des désastres de la guerre et paraît aujourd'hui assez prospère avec ses 15 000 habitants. Cette restauration rapide provient de la richesse qu'elle tire du commerce de l'opium, objet d'une culture très intense dans les environs.

Selon notre habitude, nous nous logions dans le grenier d'une auberge. Singulière habitude, dira-t-on, que d'aller se loger sous les gouttières lorsqu'on a le loisir de faire autrement. Mais j'ai tout lieu de croire que chacun se rendra à nos raisons, lorsque j'aurai expliqué les motifs de nos préférences.

Je répondrai tout d'abord que ce qui préoccupe le voyageur européen dans le choix de son logement n'est pas seulement la recherche du confortable, mais simplement d'un logis lui offrant une suffisante sécurité et une indépendance qui le mette à l'abri de l'obsession tyrannique des Chinois : or, le rez-de-chaussée, comme les combles, offrent l'un et l'autre des inconvénients ; il s'agit de choisir les moindres. Les courants d'air et le voisinage des rats n'ont rien d'attrayant, mais l'horreur des chambres est si grande et l'ennui d'être envahi par la foule des villes est tellement désagréable qu'il n'y a pas d'hésitation à avoir. L'expérience nous avait démontré qu'en nous logeant sous les toits, nous trompions la vigilance d'autres êtres, aussi sales qu'incommodes, qui tourmentent la pauvre humanité et tiennent garnison nombreuse dans les auberges chinoises.

Enfin les porcs, les chiens, les poules ne venaient pas troubler notre repos.

Lorsque le choix nous manquait, et qu'il fallait nous résoudre à prendre le gîte commun, nous laissions à la foule le temps de satisfaire sa curiosité, puis nous devenions inexorables ; après l'évacuation de notre demeure nous fermions les portes et personne n'était plus autorisé à rentrer. Mais aussitôt des yeux commençaient à paraître aux trous du papier des fenêtres, puis quelques doigts en augmentaient le nombre, enfin les regards inquisiteurs nous lorgnaient des heures entières; à cela, il n'y avait rien à faire. De temps en temps les satellites dérangeaient le spectacle par des charges et des coups de triques ; c'était le signal d'une envolée générale, mais cinq minutes après c'était à recommencer.

Je me souviens de la jolie histoire qui me fut contée, d'un Anglais qui, se trouvant dans la même situation, inventa le singulier stratagème que voici : ne pouvant se défaire des nombreux curieux qui l'assiégeaient, l'idée lui vint de distraire sa mauvaise humeur au dépens des Chinois. D'un geste aimable il les attirait un par un dans sa maison, puis, très poliment, il conduisait dans l'arrière-chambre son invité, très flatté d'une semblable réception. Mais alors, changeant subitement de visage, il saisissait la tête de son homme, la

plaçait sous son bras gauche, pendant que du bras droit il lui bourrait les côtes, à la mode anglaise. L'opération terminée, il lui montrait une porte dérobée, par laquelle le Chinois s'échappait aussitôt. Rendu à la liberté, le pauvre diable, craignant les risées, se gardait bien de raconter l'aventure; aussi, le piège n'étant pas éventé, l'historien déclare que tout le village y passa.

Comme le mauvais temps persistait, et que nous avions quatre ou cinq fiévreux dans notre personnel, nous restâmes le 15 janvier à Houang-Tsao-Pao, puis, comme le P. Durr qui est mis-

VILLAGE TCHONG-KIA. — DESSIN DE TAYLOR.

sionnaire ici était absent, nous ne sortîmes guère de notre auberge. Nous eûmes donc tout le temps de rédiger nos notes, et pendant que sous notre toit la pluie faisait entendre son monotone bruissement, on nous informa que l'hiver était toujours très humide dans cette partie de Kouei-Tchéou et qu'à Houang-Tsao-Pa, en particulier, on comptait en moyenne 10 jours de beau temps en octobre et novembre, 3 jours en décembre et 10 jours en janvier et février.

PAYS TCHONG-KIA PRÈS DE LA FRONTIÈRE DU KOUEI-TCHÉOU. — DESSIN DE BOUDIER.

Nous nous fîmes apporter du marché des échantillons de charbon provenant des environs, et nous constatâmes qu'il était lourd, assez impur et très inférieur à celui du Yun-Nan.

Le 16 janvier, la caravane étant bien reposée et le soleil s'étant montré par hasard, nous parcourûmes les immenses champs d'opium qui enveloppent la ville, et vers midi nous traversions une profonde crevasse sur un pont hardi d'une seule arche. Ce pont domine de plus de 40 mètres les eaux vertes du Mou-Kia-Ho, gros cours d'eau qui se dirige vers le Hong-Choui-Ho. Le soir, nous dînions avec le P. Durr dans le village de Tin-Chias. Le lendemain 17, nous cheminions dans de belles vallées bordées de massifs madréporiques et le 18 nous faisions notre entrée dans la préfecture de Hing-Y-Fou. A peine débarqués le Fou nous envoyait comme présent d'usage un festin composé de mets des plus recherchés, tels que nids d'hirondelles, ailerons de requins, etc., etc... et le même soir, nous invitions le P. Schotter, missionnaire à Hing-Y-Fou, à venir partager notre repas.

Le P. Schotter est un Alsacien à qui son long séjour en Chine n'a pas fait perdre l'accent natal. Le lendemain il nous fit les honneurs de son Tien-Tchéou-Tan, qui commence à se développer sous son habile direction ; il nous invita à un plantureux déjeuner et nous fit boire du vin de sa vendange.

Nous allâmes ensuite voir sa vigne dont l'état prospère nous prouva qu'elle réussissait fort bien au Kouei-Tchéou ; le seul écueil qui s'oppose au développement de cette culture est que la maturité de toutes les grappes ne se produit pas en même temps, de sorte que la cueillette du raisin est rendue très difficile : toutefois le Père aime sa vigne et c'est avec amour qu'il la soigne en pensant à la vallée du Rhin.

La ville de Hing-Y-Fou, située à la jonction de deux vallées encadrées de hauts récifs, est à une altitude de 1 350 mètres et compte environ 25 000 habitants ; elle doit sa prospérité relative à ce qu'elle se trouve sur le chemin des caravanes qui descendent du Kouei-Tchéou pour gagner le Hong-Choui-Ho. Les marchandises sont alors embarquées et se dirigent sur Ou-Tchéou-Fou et Canton.

Sans trop nous en douter, nous nous trouvions en plein pays Tchong-Kia. — Hing-Y-Fou est en effet entièrement chinois ainsi que les abords de la route, mais sitôt qu'on s'en écarte les Tchong-Kia forment la totalité de la population. Toujours en défiance vis-à-vis de leurs vainqueurs, ils restent dans leurs montagnes et n'en descendent que par nécessité, soit pour vendre leurs denrées, soit pour se procurer chez les marchands chinois les objets dont ils ont besoin.

Ils s'associèrent, il y a une trentaine d'années environ, au grand soulèvement Miao-Tse du Kouei-Tchéou et eurent beaucoup à souffrir des répressions terribles de leurs vainqueurs. Bien des villages sont aujourd'hui des ruines ; malgré cela, malgré aussi les massacres, leur population est encore considérable, et, quoi qu'en disent les Chinois, leurs mœurs et leurs coutumes n'en font nullement des êtres méprisables.

Ils ont au contraire le grand mérite d'avoir conservé un cachet tout particulier d'originalité, malgré la pression dont ils sont encore l'objet. La douleur qu'ils ressentent de la perte de leur indépendance leur fait préférer l'isolement à la fréquentation de leurs oppresseurs. Ces motifs suffisent pour que les Chinois les considèrent comme des barbares et les dédaignent, car pour ces derniers tout individu qui résiste à la loi impériale ou qui n'accepte pas l'uniformité des coutumes est taxé d'être inférieur et traité de rebelle. Les Tchong-Kia forment une race métisse qui a pour origine le croisement des races indigènes de ces régions à la suite d'immigrations successives venues du Kiang-Si. Les conquérants se partagèrent les terres, épousèrent les femmes indigènes et de ces unions naquirent des groupes très divers, localisés sur leurs territoires, qui forment aujourd'hui la population Tchong-Kia-Tse ou Tong-Kia suivant le clan auquel elle appartient.

Par suite de cette origine, cette population diffère moins des Chinois que les Lolos, qui n'ont avec leurs voisins aucun lien de consanguinité.

Les Tchong-Kia sont de taille moyenne, solidement charpentés, la face souvent aplatie et moins ovale, le front moins fuyant que les Chinois, les cheveux quelquefois châtains.

Pendant que nous étions à Hing-Y-Fou, la circulation était totalement interrompue du côté du Hong-Choui-Ho. Depuis trois mois toutes les dépêches de Pé-Sé étaient interceptées; à trois journées de la ville les rebelles rançonnaient les marchands, faisaient des razzias dans les villages et tenaient tête aux troupes chinoises. Le P. Schotter était extrêmement inquiet sur le sort d'un jeune missionnaire tout fraîchement débarqué en Chine et qui devait, pour rejoindre son poste, traverser cette région. On était sans nouvelles de lui depuis long-temps. Nous venions donc de longer depuis Se-Tsong-Hien jusqu'à Hing-Y-Fou un pays frontière entièrement soulevé, garni d'obstacles qui rendaient faciles les surprises et cela dans les plus heureuses conditions.

Nous allions maintenant poursuivre notre bonne étoile vers le Nord pour atteindre la grande route de Yun-Nan-Sen à Kouy-Yang-Fou par Kiu-Tsing-Fou.

Nous remplacions nos Lolos, que la fièvre rendait absolument impotents, et le 20 janvier, après avoir rendu visite au préfet de Hing-Y-Fou, nous sortions par la porte du Nord, escortés par de nombreux militaires.

C'était le jour du marché, de sorte que nous rencontrions une multitude de Tchong-Kia qui s'en allaient à la ville. Ils paraissaient fort surpris de nous voir; aussi s'arrêtaient-ils sous les Pei-Faus (arcs de triomphe en l'honneur des veuves) qui transforment le chemin, à la sortie de Hing-Y-Fou, en une route triomphale. Ils jetaient un long regard curieux sur la caravane, puis, reprenant gaiement leurs paniers, ils continuaient de s'acheminer vers la ville, tout en bavardant comme de bons Beaucerons s'en allant à la foire.

Les hommes portaient le même costume que les Chinois; les uns avaient la queue chinoise, les autres une tresse de cheveux semblable à celles des Lolos. Le costume des femmes est sombre, il se compose d'une casaque ouverte sur le devant, laissant voir la gorge, d'une jupe courte toute plissée, de jambières d'étoffe noire et d'espadrilles, une toque achevait de distinguer les femmes indigènes des chinoises. — En général elles ne sont pas jolies, et n'arrivent guère à s'embellir par les nombreux colifichets dont elles ornent leurs visages.

Les 21 et 22 janvier nous traversions un plateau très accidenté, quelques pauvres hameaux Tchong-Kia se montraient dans la brousse sur les hauteurs, tandis qu'au pied des rochers, dans de belles vallées, s'étalaient de grands villages, tels que Ten-Kio, où toute la population est chinoise.

Le soir du 21, nous couchions au grand marché de Pa-Lin, résidence d'un petit mandarin. Nous y achetions un cheval pour 15 taëls (46 francs) en remplacement d'un de nos animaux, qui ne pouvait plus marcher, et le 22, toujours par un temps pitoyable, nous arrivions à Lain-Mou-Tchang, d'assez bonne heure pour aller visiter un gisement de charbon situé dans la montagne, au-dessous d'une ancienne mine de cinabre. Le gisement était exploité: on en tirait du charbon poussiéreux chargé de soufre, mais utilisable, tandis que la mine de cinabre était absolument abandonnée Tous les ouvriers qui en avaient tenté l'exploitation étaient morts empoisonnés par les éma-

UN VILLAGE DU KOUEÏ-TCHÉOU. — DESSIN DE MIGNON.

nations mercurielles; la mine de charbon, placée juste au-dessous, passe elle-même pour fort insalubre. Le filon de cinabre, enserré dans des roches calcaires très dures, ne présente que des veines d'une exploitation difficile et peu rémunératrice. Il est à souhaiter que les Européens qui, dit-on, ont entrepris d'exploiter les mines de cinabre du Kouei-Tchéou, réussissent dans leurs tentatives, mais il est à craindre qu'ils ne se heurtent aux mêmes difficultés [1].

Il pleut et il neige; nous n'en poursuivons pas moins notre route, dans une région presque déserte. Le 23 nous faisions étape dans le marché de Ping-Kai, et le 24, après avoir franchi un relief couvert d'aspérités, nous nous trouvions tout à coup en face d'une énorme faille... Elle s'étendait au loin comme une large blessure de la croûte terrestre, dans le Nord et dans le Sud, coupant ainsi le pays par un immense fossé.

A plus de 600 mètres, le Hoa-Kiang roulait des eaux bourbeuses au fond de ce gouffre; d'immenses falaises, toutes droites, en soutenaient les berges et on ne voyait dans cet antre que des roches brisées; je me crus de nouveau transporté dans les gorges du fleuve Bleu, tant l'horreur grandiose de ce spectacle me rappelait les précipices dans lesquels j'avais dû me frayer un chemin pendant tout l'été dernier, alors que je relevais le cours du haut Yang-Tsé entre Sui-Fou et Tali. Le Hoa-Kiang est un torrent qui prend sa source dans le district de Ouei-Ning-Hien. Tout son cours n'est qu'une immense cassure Nord-Sud, et il est un affluent important du Hong-Choui-Ho.

Sans hésiter, nos adroits petits chevaux s'engagèrent dans le sentier tortueux et, après une longue et périlleuse descente, nous étions en face d'une barque qui transporte les passagers au delà de la rivière.

Ici, le Hoa-Kiang présentait un calme relatif; non loin de là de nombreux ouvriers étaient occupés à la construction d'un pont. Pendant les trois grandes heures que nécessita le passage de la caravane, nous occupâmes nos loisirs à examiner les cailloux de la grève et M. Leclère enrichit sa collection de fragments de houille, de calcaires et de quelques porphyrites. Nous n'étions plus qu'à 600 mètres d'altitude, la température était très douce et des hirondelles printanières voltigeaient à la surface des eaux.

Il nous fallut ensuite remonter tout ce que nous avions descendu. M. Leclère et M. Monod partirent en avant pour atteindre avant la nuit le village de Mon-You-Se où le P. Bazin nous avait préparé de bons logements dans son Tien-Tchéou-Tan, et sans accident j'arrivai vers neuf heures du soir au lieu du rendez-vous. Au bruit de la caravane, le P. Bazin ouvrit sa porte et je le trouvai sur son seuil, suivi de M. Leclère et de M. Monod, me tendant un grand verre de vin qui me réconforta aussitôt de mes fatigues et de la pluie glaciale.

Je ne sais si ce fut l'effet de la modeste mais très proprette demeure du P. Bazin qui nous fit faire grasse matinée : ce qu'il y a de certain, c'est qu'il était grand jour lorsque le lendemain matin j'allai voir à la fenêtre le temps qu'il faisait; la mince couche de neige qui couvrait les environs eut bientôt fait de refroidir mon courage et, malgré le tintement d'une clochette qui invitait les fidèles à s'associer aux prières, je n'eus rien de plus pressé que de regagner mon gîte, puis, encouragé par l'exemple de mes compagnons, je repris mon sommeil interrompu. Il était bien près de midi lorsque nous rejoignîmes le P. Bazin. Après un bon déjeuner il nous fit faire la visite de son jardin, où il y avait à la fois de la neige et des oranges toutes dorées.

Notre hôte s'était embarqué pour la Chine en 1865 et, depuis lors, n'en était pas sorti.

Je fis à Mon-You-Se l'acquisition d'un cheval qui avait appartenu à un mandarin militaire et qui passait pour le plus beau du pays. Il avait 1 m. 35 environ,

HALTE DE LA CARAVANE DANS LES PAYS TCHONG-KIA DU KOUEI-TCHÉOU. — DESSIN DE SLOM

1. Un Hongrois, M. de Martheaux, vient de passer des contrats dans cette province reculée afin d'exploiter les gisements de cinabre du Kouei-Tchéou.

MONTAGNES DE KOUEI-TCHÉOU PRÈS DE MON-YOU-SE. — DESSIN DE BOUDIER.

était très étoffé, plein d'énergie, avait une petite tête très fine, des membres solides et une jolie robe aussi noire que du jais.

Il était le vrai type de cette race du Kouei-Tchéou qui jouit à juste titre d'une véritable réputation en Chine. Je n'eus d'ailleurs qu'à m'en louer dans la suite ; il fut ma monture jusqu'à Hanoï et lorsque je m'embarquai pour revenir en France, il alla garnir les écuries du gouverneur général.

Mon-You-Se est à 1 350 mètres d'altitude sur un plateau escarpé, limité à l'Ouest par la faille du Hoa-Kiang, et à l'Est par une autre faille parallèle, à peu de chose près aussi profonde et aussi pittoresque que la précédente. C'est dans cette crevasse que coule vers le Sud le Pa-Lin-Kia-Ho, affluent du Hoa-Kiang.

Le 26 janvier dernier, nous couchions au grand marché de Kuan-Lin et dans la matinée du 27, nous nous trouvions en face de la nouvelle faille.

Pendant que nous prenions quelque repos sur la crête de la berge et que nous contemplions le nouveau spectacle qui s'offrait à nos yeux, nous assistâmes à un bien curieux épisode que je regretterais d'omettre parce qu'il donne une idée de ce que sont la discipline et la composition de l'armée chinoise.

Dans l'escorte militaire qui nous accompagnait depuis Hing-Y-Fou, se trouvait un soldat dont le frère avait remplacé, dans la caravane, un de nos pauvres ma-fous Lolos de Lou Mé-I, laissé malade à Hing-Y-Fou. Pressé de faire un voyage à Kouy-Yang-Fou, la capitale de sa province, ce vaillant soldat s'entendit avec son frère et sans plus d'explication, en notre présence, lui passa sa casaque et ses armes, prit son sac et se mit en devoir de remplir le rôle de ma-fou, pendant que l'autre devenait tout à coup soldat de l'Empereur. Stupéfaits d'un pareil travestissement, nous allâmes aussitôt prendre des informations auprès du chef de l'escorte. D'après lui, cette mutation était très régulière ; entre frères, on pouvait bien changer de métier ; l'unique devoir du chef était de conserver le nombre de ses soldats.

La crevasse du Pa-Lin-Kia-Ho ne fut guère plus commode à franchir que celle du Hoa-Kiang ; pourtant un superbe pont, dominé par des arbres magnifiques, nous évita les ennuis du bac. L'ascension de l'autre rive fut lente, mais intéressante par la rencontre des indigènes que nous croisâmes. A mi-côte, M. Leclère découvrit un affleurement houiller mis à nu dans les roches de la faille, enfin, vers midi, nous arrivions à Huang-Ko-Chou, où nous retrouvions la grande route de Yun-Nan-Sen à Kong-Yang-Fou par Kin-Tsing-Fou.

Huang-Ko-Chou est le siège d'une chrétienté dont le P. Séguin est titulaire. Nous frappâmes à sa porte et quel ne fut pas notre étonnement de voir un repas tout fumant qui nous attendait !

Le P. Séguin nous fit aussitôt asseoir à sa table et nous annonça que dorénavant, jusqu'à la capitale du Kouei-Tchéou, nous irions de chrétienté en chrétienté, qu'il ne voulait pas rester en arrière sur les réceptions qui nous attendaient. Rien n'est joli comme Huang-Ko-Chou. J'aime à croire que ce fut dans l'intention d'adoucir ses premières années d'apostolat, que Monseigneur du Kouei-Tchéou désigna à ce poste le P. Séguin. Il faudrait un art que ma plume ne possède pas pour décrire le beau spectacle qui s'offrait à nous juste en face de la jolie chapelle du P. Séguin. Au milieu d'un cadre féerique de montagnes, une large rivière aux eaux bleues comme celles du Rhône à sa sortie du lac de Genève, serpentait paisiblement dans la vallée ; puis, brusquement, comme si le sol se fût dérobé, elle formait une chute de plus de 60 mètres. L'eau s'avançait calme jusqu'au bord du précipice, s'inclinait, puis tombait, tout d'une nappe, de plus de 100 mètres de large, avec un bruit assourdissant. De vastes colonnes de vapeur s'échappaient de cette merveilleuse cascade, d'abord en nuages épais, puis, ensuite fines et légères, elles montaient vers le ciel, pareilles à une gaze diaphane. Enfin, toute la masse liquide venait se briser et reprendre du calme dans un immense bassin qu'on eût dit creusé par la main des fées.

Après nous avoir montré sa merveille, que les Chinois décorent du nom diabolique de Hi-Nieou-T'an (rapide du bœuf merveilleux), le P. Séguin enfourcha bravement son cheval et nous accompagna jusqu'à la ville voisine où le P. Roux nous attendait.

A mi-chemin, près Gan-Chouan, nous visitâmes des gisements charbonneux de qualité médiocre, mais pourtant exploités; vers la tombée du jour, la ville de Tchen-Lin-Tchéou montrait ses murailles, toutes empourprées des rayons du soleil couchant, et quelques instants après nous traversions les portes de la résidence du P. Roux.

Enfant de la Bretagne, du pays de Chateaubriand, grand, distingué, figure énergique, le P. Roux est un ancien zouave pontifical ; vingt ans de Chine ne lui ont rien enlevé des allures crânes qui plaisent chez un militaire et conviennent à un missionnaire ; soldat du Pape, il l'est encore et sa vie de privation et de devoir continue là-bas sur cette terre ingrate les traditions de Mentana. Le P. Séguin n'avait rien exagéré en nous annonçant l'aimable accueil qui nous était réservé. Pourtant un triste événement vint assombrir la gaieté générale : nous apprenions par le courrier de la mission l'assassinat du P. Chanès dans le Kouang-Toung. Nous eûmes la bonne surprise d'être réveillés par les rayons d'un soleil levant qui entraient abondamment dans nos chambres. Les mauvais papiers chinois nous avaient privé, depuis si longtemps, de cette agréable visite, que nous en jouîmes pleinement. Contrairement à l'usage chinois, la maison du P. Roux s'ouvre largement sur la ville et les environs ; la vue s'étend au loin ; de jolis balcons permettent de prendre l'air, enfin c'est un endroit qui convient admirablement au caractère si français de notre hôte. De là, on voyait toute la ville, ses murailles crénelées et les montagnes à l'horizon. Vue du Tien-Tchou-Tan, Tchen-Lin-Tchéou se montrait sous son aspect le plus coquet, avec ses maisons neuves qui respiraient l'aisance,

PORTE DE GAN-PIN-HIEN, ROUTE DE BING-Y-FOU. — DESSIN DE GOTORBE.

LA POLICE CHARGEANT LES CURIEUX (PAGE 28). — DESSIN DE MADAME PAULE CRAMPEL.

et pourtant aucune ville n'eut plus à souffrir de la guerre des Miao-Tsé. Prise et reprise, tantôt par les rebelles, tantôt par les Chinois, elle ne conservait pas une maison debout en 1870, lorsque le P. Lami, le fondateur de cette chrétienté, vint y prendre position. Seuls quelques rares habitants avaient échappé au massacre et il était dangereux de se promener dans les décombres, tant on risquait d'être attaqué par les panthères, que l'odeur du sang avait attirées en ce lieu de carnage. En 1871, le P. Lami y acheta un terrain, jeta les premières fondations de la demeure actuelle et y installa peu après le P. Roux. Celui-ci développa l'œuvre commencée, acheva de construire, et en ce moment il remplace la pauvre petite chapelle de bois par une église toute en pierres de taille, sur des plans de modèles européens. Aujourd'hui, Tchen-Lin-Tchéou est à moitié rebâtie, elle compte au moins 15 000 habitants, et ne tardera pas à remplir son enceinte comme par le passé ; elle doit sa résurrection à sa position sur la ligne de partage des eaux, entre le bassin du Yang-Tsé et celui du fleuve de Canton ; elle est naturellement le boulevard des relations commerciales entre les deux versants.

Nous avions donc gravi les pentes Sud du plateau de Kouei-Tchéou et arrivés sur les hauteurs, nous n'avions plus qu'à en suivre la ligne de faîte qui s'étend dans la direction du Nord-Est pour arriver à Kong-Yang-Fou, premier but de notre voyage. Sur ces hauteurs, la température a, pendant l'hiver, des transitions pénibles ; nous partions le 29 janvier avec le verglas dans les rues de Tchen-Lin-Tchéou, et à midi nous lézardions dans la plaine avec 25 degrés de chaleur.

Ce plateau où se trouvent des villes importantes avait été longtemps disputé ; chaque relief, chaque défilé, avait été le théâtre d'un combat ; aussi n'est-il plus aujourd'hui qu'un vaste désert dont les éminences, toujours en forme de pains de sucre, sont couronnées par des refuges fortifiés qui avaient servi d'abris à la population, ou de places fortes aux combattants.

N'était le calme qui règne aujourd'hui dans ces vastes solitudes, on se croirait encore au lendemain de la guerre. Les champs incultes conservaient les traces de la charrue et indiquaient qu'une population nombreuse demandait à la fertilité du sol une abondante nourriture. Les masures témoignent de ce que dut être le massacre. Tous les êtres vivants avaient été exterminés, tantôt par les Chinois tantôt par les indigènes. Une seule ville ne fut pas ruinée, c'est Gan-Chouen-Fou à laquelle nous arrivâmes le même soir du 29.

Gan-Chouen-Fou est la deuxième ville du Kouei-Tchéou, elle a plus de 50 000 habitants et étend ses divers quartiers dans une belle plaine où sont disséminés quelques récifs aigus.

Nous trouvâmes le P. Lami sur le seuil de sa porte, les bras ouverts pour nous recevoir, ayant à ses côtés le jeune P. Faillet. Encore vert, malgré ses cheveux blancs, le P. Lami a conservé sa haute taille, et son visage plein de douceur et de dignité lui donne un aspect imposant ; en Chine depuis 1864, il était seul lorsqu'il vint dans cette région du Kouei-Tchéou. Retenu aujourd'hui par son grand âge et quelques infirmités, il a concentré tous ses efforts sur son orphelinat ; aussi était-ce avec une douce satisfaction qu'il nous le fit visiter. Tous ses enfants avaient revêtu leurs plus jolis costumes. Une centaine de garçons se livraient à leurs ébats dans une cour intérieure, tandis que les petites filles, au nombre de 150, s'étaient groupées dans le fond d'une salle et formaient un ensemble multicolore comme une mosaïque. Tous leurs yeux étaient braqués sur nous ; je ne dis pas qu'ils étaient beaux, mais leurs regards laissaient deviner qu'un souffle nouveau passait dans leurs âmes.

Les chrétiennes qui ont fait vœu de célibat servent de catéchistes, soit auprès des enfants recueillis, soit dans les familles. Elles sont les ouvrières les plus actives, l'exemple le plus vivant de la parole des missionnaires. Outre les soins qu'elles prodiguent aux enfants dans l'intérieur de l'orphelinat, elles sont chacune chargées de la surveillance d'une multitude d'autres petits êtres mis en nourrice par les soins du missionnaire dans les différents quartiers de la ville. Lorsqu'ils sont sevrés, elles les amènent au foyer commun et ils viennent augmenter le groupe de la famille chrétienne. Ces enfants travaillent, grandissent et créent des familles, qui pour le plus grand nombre ne s'éloignent guère de leur bienfaiteur. D'autres au contraire oublient vite, reprennent leur caractère chinois en ne pensant qu'à leurs intérêts et s'en vont vivre ailleurs, sans aucune reconnaissance au cœur. Mais ces défections, toutes pénibles qu'elles soient, ne découragent pas les missionnaires dans leur œuvre de charité qui brille de tout son éclat au milieu du paganisme. Il faut savoir que tous ces enfants ramassés dans la rue sont élevés sur les économies que le Père fait sur les 95 taëls (355 francs) qui forment leurs pensions et sur les secours de l'Œuvre de la Sainte-Enfance.

Le Tien-Tchéou-Tan du P. Lami, situé dans la ville, est adossé à un récif. Au sommet de cette éminence sur une sorte de plate-forme, s'élève une tour bouddhique d'où nous pûmes voir la ville dans tout son développement. Gan-Chouen-Fou doit sa préservation à l'énergie et à l'habileté de son Fou (préfet) pendant la guerre des Miao-Tse. Sachant combien les troupes chinoises sont pillardes et dévastatrices, il fit comprendre aux habitants qu'ils devaient se méfier autant de ces dernières que des Miao-Tse mêmes, et partant de ce principe, après avoir fait sortir les soldats chinois de la place et pris toutes les mesures d'approvisionnement nécessaires, il confia la défense de Gan-Chouen-Fou à ses propres habitants. Aussi, lorsque les Miao-Tse mirent le siège devant la ville, trouvèrent-ils à qui parler et durent-ils se retirer. Il en fut de même lorsque les troupes impériales se présentèrent ; elles campèrent hors de l'enceinte et de cette manière Gan-Chouen-Fou n'eut à subir aucune injure pendant cette période troublée.

UNE RUE DE KOUY-YANG-FOU (PAGE 38). — DESSIN DE GOTORBE.

CHAPITRE IV

Séjour à Kouy-Yang-Fou, Capitale du Kouei-Tchéou

Gan-Pin-Hien. - Tsin-Chen-Hien. - Kouy-Yang-Fo. - Notre installation à l'Évêché. - Assassinat de M. Flemming, ministre protestant. - Crédulité des Chinois. -
Routes commerciales de Kouy-Yang-Fou. - Le Kouei-Tchéou, royaume
des Miao-Tse, sa transformation en province chinoise. - Le Konien, jour
de l'an chinois. - Nos distractions. - Promenade au petit collège Kouy-
Yang-Fou. - Grave état de M. Monod. - Son départ pour le Tonkin.
- Visite au Fou-Taï. - Cimetière des missionnaires du Kouei-Tchéou.

M. DE VAULSERRE
À KOUY-YANG-FOU.
DESSIN D'OULEVAY.

L E 1ᵉʳ février, nous entrions dans Gan-Pin-Hien, petite sous-préfecture absolument ruinée, où il ne restait plus un seul habitant après la guerre. Elle
ne se compose plus aujourd'hui que de deux rues qui se croisent et le long des-
quelles se pressent quelques maisons, tandis que le reste de son territoire est
transformé en cultures maraîchères ; pourtant l'enceinte crénelée est encore
intacte. Cette ville compte aujourd'hui à peine 2 000 habitants, alors qu'autrefois
il y en avait 20 000. Gan-Pin-Hien est la résidence du P. Martin, jeune missionnaire qui compte déjà quatre années de Chine et trois de Corée. Il nous fit
gracieusement les honneurs de son Tien-Tchou-Tan, et après nous avoir installés
autour de la cheminée pour nous sécher de la pluie et de la neige, il nous dit
qu'il était bien heureux de nous voir, car il venait de recevoir une lettre de
l'Évêque du Kouei-Tchéou, lui racontant que dans la capitale on faisait circu-
ler le bruit de notre massacre à Pon-Gan-Tin et que Monseigneur paraissait fort
inquiet. De fait nous n'avions pas passé à Pon-Gan-Tin, petite sous-préfecture située à peu de distance dans
l'Est de Kin-Tsin-Fou, mais nous apprîmes plus tard qu'un complot avait été organisé contre nous. Les

populations, sachant que nous visitions le pays pour en connaître les richesses minières, et redoutant d'être expropriées, nous avaient tendu un guet-apens ; fort heureusement nous avions choisi la petite route de Hing-Y-Fou, de beaucoup plus mauvaise, mais qui nous avait permis de voyager en pays Lolo et Tchong-Kia. Nous avions donc sujet de nous féliciter doublement de notre choix.

Le 2 février, autre ville, Tsin-Chen-Hien, petite sous-préfecture aujourd'hui encore à demi ruinée, dans un pays désert. Nous y fûmes reçus par le vieux P. Esslinger, un contemporain du P. Lami en Chine. Ce soir-là, M. Monod eut une crise de fièvre terrible ; heureusement que le lendemain il se trouva en état de continuer la route.

Enfin, le 3 février, nous rencontrions à dix lis (5 kilomètres) de Kouy-Yang-Fou, sous le porche d'une pagode, le P. Laborde venu à notre rencontre pour nous prier de la part de Mgr Guichard, vicaire apostolique du Kouei-Tchéou, de descendre avec tout notre personnel à l'Évêché.

Voici, enfin, Kouy-Yang-Fou qui montre ses silhouettes au détour d'une petite rivière dont nous suivons les rives.

Située dans une plaine alluviale assez vaste, sur les bords d'un affluent du Ou-Kiang, trop près de sa source pour être utilisé par la batellerie, la ville a bon aspect. Les murs blanchis à la chaux brillent au soleil couchant; les clochetons des pagodes et les toits aux coins relevés dominent les remparts; quelques maisons de riches bourgeois se dissimulent aux alentours derrière des bouquets de bambous, au milieu des rizières, et l'horizon est encadré de collines pointues, arides, couvertes de brousse.

L'agréable impression d'un tel paysage disposait en faveur de Kouy-Yang-Fou et faisait penser que cette jolie ville jouissait des bienfaits d'une propreté inconnue ailleurs ; hélas ! nos illusions devaient bientôt s'évanouir. A peine avions-nous franchi la porte de l'Ouest que nous nous enfoncions dans un sombre dédale de rues tortueuses et étroites, pavées de dalles horriblement glissantes, et encombrées d'étalages et de petites boutiques. Nous respirions un air vicié et avions peine à avancer au milieu de la foule des curieux : aussi fut-ce avec une véritable satisfaction que nous laissâmes ce cortège, peu séduisant, derrière les portes de l'Évêché, qui se refermèrent sur nous.

Mgr Guichard, suivi de ses deux provicaires, les PP. Gréa et Bodinier, du P. Michel, curé de la cathédrale et des PP. Lucas, Chanticlair et Jouishomme, nous reçut et nous renouvela la gracieuse proposition qu'il nous avait déjà fait parvenir par le P. Laborde. Malgré un accueil aussi aimable, nous hésitions à encombrer l'Évêché de notre personnel, de nos chevaux et de nos bagages. Mais les instances de Monseigneur furent si vives qu'elles eurent raison de nos résistances. Le P. Gréa, procureur de la mission, avait si bien tout prévu qu'en un moment il trouva à caser notre monde.

L'Évêché est situé tout contre les remparts de la ville, à quelques pas de la porte du Nord. Il est dominé par la cathédrale, qui occupe le centre, et se compose de bâtiments reliés par des couloirs protecteurs contre les ardeurs du soleil d'été et les pluies fréquentes du Kouei-Tchéou. Le long des galeries sont disposées de petites chambres permettant aux missionnaires du Vicariat de se grouper, une fois l'an, autour de leur Évêque. Des jardins ombragés occupent l'espace compris entre les remparts et les bâtiments, enfin la cure et l'orphelinat sont séparés du reste par l'Église.

L'état sanitaire de notre personnel laissait grandement à désirer. Tout indigènes qu'ils soient, les Chinois sont aussi sujets à contracter les maladies régnantes et même, peut-être, davantage que les Européens. Ceci est surtout vrai pour les Yun-Nannais, qui, habitués à des climats relativement tempérés, sur leurs hauts plateaux, sont immédiatement saisis par les fièvres dès qu'ils descendent dans les régions moins élevées. Or nos hommes payaient tous, plus ou

MGR GUICHARD, ÉVÊQUE DU KOUEI-TCHÉOU.
D'APRÈS UNE PHOTOGRAPHIE.

PORTE DE KOUY-YANG-FOU. — DESSIN DE MIGNON.

moins, leur tribut à cette fâcheuse tendance. Cette grande facilité des Chinois du Se-Tchouen et du Yun-Nan à attraper les fièvres des bas pays fut la cause d'une mortalité extraordinaire parmi les troupes chinoises pendant la guerre du Tonkin. Le climat du Kouang-Si surtout est redouté des gens du Yun-Nan. Notre caravane en a tellement été éprouvée que nous ne traînions plus qu'un hôpital derrière nous en arrivant à Lang-Son.

Quant à nos chevaux, tous étaient boiteux, écorchés sur le dos ou endommagés par les chutes fréquentes sur les pentes ou dans les rochers. Ils étaient à bout et le remplacement de beaucoup d'entre eux s'imposait. C'est pourquoi, après avoir envoyé nos cartes aux hauts mandarins de la province, nous nous disposâmes à mener quelque temps une vie toute de paresse, sous le toit de Mgr Guichard.

Une heureuse nouvelle inaugura bien notre séjour. Des dépêches de Tchong-King annonçaient la délivrance du P. Fleury, captif de Iu-Man-Tse depuis 200 jours; seul, son compagnon de captivité, le vieux prêtre chinois Houang n'avait pas pu échapper au bandit. Voici, textuellement, les libellés de ces heureuses dépêches.

Cha-Pin-Pa, près de Tchong-King, 26 Janvier 1899

Le P. Jérôme Houang qui avait été pris à Tong-Liang a été tué par le Iu le 18 Janvier.

Le P. Fleury est rentré à Tchong-Kin le 23.

Le Tang-Tsain-Pin s'est retiré avec ce qui lui reste de ses bandes sur les frontières de Pi-Chan et de Pa-Hien et le 24 a incendié l'oratoire de Long-Fong-Tchang, plusieurs maisons de chrétiens et celles de deux T'oan-Tchéou qui avaient refusé de se joindre à lui.

Plusieurs centaines des bandits qui suivaient le Iu-Man-Tse ont fui à Kiang-Pee.

Cha-Pin-Pa, près de Tchong-King, 27 Janvier 1899

Après avoir été captif durant 200 jours, le cher P. Fleury vient de nous être rendu. En même temps que sa délivrance nous causait tant de joie, nous avons eu la douleur d'apprendre la mort du vénérable P. Jérôme Houang, son compagnon de captivité.

Les deux Pères se trouvaient à Long-Choui-Tchen avec le Iu-Man-Tse, lorsque, le 17 janvier, celui-ci apprit que les soldats attaquaient Iu-Keou-Gao, marché situé au sommet de la montagne et dont il avait fait sa forteresse. Il part au secours de ses hommes, emmenant ses captifs, mais apprenant que Iu-Keou-Gao a été enlevé par les soldats, il se retire dans sa maison de Pee-Kia-Keou située au bas de la montagne. Le lendemain il est attaqué lui-même et forcé de chercher un asile dans des endroits plus escarpés. Les Pères profitent du désordre pour s'échapper, mais le Iu envoie 60 hommes à leur recherche avec ordre de les mettre à mort. M. Houâng, bientôt à bout de force à cause de son âge avancé, fut atteint et tué par eux. M. Fleury eut le temps de se cacher à quelques pas de là dans une forêt de bambous. La nuit venue, M. Fleury ne pouvant échapper aux bandits qui avaient été battus et rôdaient de tous côtés se fit conduire chez le Iu-Man-Tse. Celui-ci se voyant perdu, pria le Père de lui procurer quelque moyen de se sauver, et d'après les conseils du Père il consentit à écrire au Tcheou-Tong-Lin (chef des troupes chinoises) qui lui répondit que la délivrance du Père lui vaudrait la vie sauve et le commandement d'un bataillon (I-Pi-Liang-Tsé.) Aussi le 20 janvier, malgré l'opposition de son entourage, le Iu-Man-Tse conduisit le P. Fleury jusqu'au milieu de la montagne pour le protéger contre les bandes qui exigeaient sa mort, et le laissa ensuite se rendre au milieu des soldats du Tcheou qui l'attendaient dans la vallée.

Le même jour, le Tcheou conduisit le Père à Long-Choui-Tchen où se trouvait le Fou-Taï, qui le fit conduire dès le lendemain sous bonne escorte à Iuin-Tchouan et à Tchong-Kin, où le cher Père Fleury est parvenu le 23. Le Fou-Taï ne veut pas tenir compte des promesses de son subordonné le Tcheou-Tong-Lin et poursuit de tous côtés les rebelles.

Iu-Man-Tse était un chef de brigands, comme il y en a beaucoup en Chine, qui, excité par les sociétés secrètes ennemies des Européens et soutenu par les petits mandarins et aussi, probablement, par de plus puissants, s'était mis à la tête de 1 500 vauriens armés. Pendant plusieurs années il parcourut le bas Se-Tchouen, pillant et incendiant les établissements des missions et aussi tous les villages chrétiens ou suspects de quelque sympathie pour les missionnaires tant catholiques que protestants. C'est ainsi qu'il a dévasté toutes les chrétientés que j'avais vues prospères quelques mois auparavant sur les rives du fleuve Bleu, aux environs de Tchong-King et de Lou-Tcheou et qu'il s'était emparé, nuitamment, par surprise, du P. Fleury, dont il s'était fait un otage avec l'intention de ne le rendre qu'au prix d'une forte rançon. Au début des exploits du bandit, les mandarins avaient fermé les yeux ou n'avaient pris contre lui que des mesures illusoires ;

ROUTE CHINOISE AUX APPROCHES D'UNE VILLE. — DESSIN DE BOUDIER.

mais, plus tard, pressé par des ordres formels venus de Pékin, exigés par l'attitude énergique du ministre de France, M. Pichon, le vice-roi du Se-Tchouen décida, enfin, d'en finir avec Iu-Man-Tse. Il est probable que ce coquin a reçu, pour prix de sa tranquillité, un commandement militaire, comme beaucoup de ses semblables. Lorsque les mandarins sont pressés d'exécuter une mesure qui leur déplaît, mais à laquelle ils ne peuvent pas se dérober, ils s'empressent d'obtempérer au désir exprimé, souvent même ils affectent de prendre à cœur l'affaire et font grand tapage pour que personne n'ignore les coups dont sont menacés les coupables, et c'est ainsi que l'intéressé, prévenu, peut facilement s'échapper. Tout autre est leur conduite lorsqu'ils ont résolu de s'emparer d'un individu. Des ordres secrets sont envoyés, l'homme est arrêté et la justice ne se fait pas longtemps attendre. C'est à Houang-Ping à huit jours d'étapes, à l'Est de Kouy-Yang-Fou, que M. Flemming, ministre

SCÈNE DE LA RUE À KOUY-YANG-FOU — DESSIN DE BIGOT-VALENTIN.

protestant, avait été assassiné, au mois de décembre dernier, pendant qu'il apaisait une querelle à laquelle il était étranger, sur la place du marché de ce village.

Le 7 février, nous allâmes faire une visite au P. Bodinier, qui dessert une paroisse de la ville. Sa maison, bien vieille et bien délabrée aujourd'hui, est l'ancien Yamen du haut mandarin qui, en 1862, avait jugé et fait décapiter le P. Niel.

À quelque distance de là est le grand séminaire du Vicariat. Les PP. Chanticlair et Poux y instruisent une vingtaine de séminaristes, l'avenir de la Mission. Tous ces jeunes gens nous disent bonjour et nous adressent quelques phrases de bienvenue en français. C'est un commencement qui promet un heureux résultat, car, depuis trois ans, les Pères se sont décidés à apprendre le français à leurs élèves. La tâche est ardue ; pourtant les plus avancés commencent à se faire comprendre et à écrire.

Très bien tenue, la salle d'étude. Les cahiers, écrits en latin, traitent les questions philosophiques ; les Pères prétendent que leurs meilleurs élèves pourraient soutenir la comparaison avec la moyenne de nos collégiens. Ce n'est qu'au bout de six ans de grand séminaire qu'ils sont admis, après des épreuves sérieuses, à la prêtrise.

Une bonne histoire nous fut racontée, à propos d'une carrière ouverte par les Pères à côté du séminaire. Toute banale qu'elle soit, je la relate, parce qu'elle indique à quel point sont encore stupides les idées que le bas peuple des provinces centrales se fait des Européens.

L'usage interdit d'exploiter des carrières dans l'intérieur des villes, parce qu'il importe de ne pas troubler le dragon qui dort sous les assises des cités et qui est censé veiller à leur prospérité. Or, quelques Chinois mal intentionnés firent courir le bruit que les missionnaires creusaient un tunnel, destiné à relier le séminaire au petit collège qu'ils possèdent dans la montagne, afin d'introduire secrètement les Européens dans la ville. D'autres ajoutèrent qu'au petit collège, qui domine la plaine, on construisait un fort.

Ce bruit absurde prit une telle consistance dans cette foule ignorante que, pour lui donner satisfaction, le Fou-Taï ordonna au Préfet de procéder à une enquête. Celui-ci se rendit au séminaire et il y vit une carrière d'où l'on extrayait quelques pierres. De là, il alla au petit collège, où, en effet, quelques ouvriers achevaient une construction dont les petites embrasures, donnant sur la campagne, avaient été la cause de tout ce tapage. L'ensemble de cette bâtisse était tout simplement — comment dirai-je ? — un établissement semblable à ceux décrétés, dans la Ville Lumière, d'utilité publique, et entretenus à grands soins par une Société dite des « chalets de nécessité ». Le Préfet se trouva déconfit.

Cette innocente anecdote n'a rien qui surprenne, pour quiconque sait que les bruits les plus ridicules sont ceux qui acquièrent le plus de créance en Chine. L'esprit chinois est nourri de tant de fantasmagories qu'il lui est difficile de discerner le vrai du faux. Ainsi, défense est faite de construire des édifices élevés, afin de ne pas déranger le Fou-Choui, c'est-à-dire l'esprit de l'eau et du vent, ou encore la veine du bonheur, l'esprit tutélaire. Chaque rivière, chaque montagne, chaque source, la brise même, a son génie bienfaisant ou nuisible, mais toujours quinteux. Tout tremble devant ces superstitions, elles sont tellement enracinées dans le peuple que les mandarins, pour ne pas blesser l'opinion, doivent honorer ces génies et leur rendre des devoirs. C'est, en général, le Hien (sous-préfet) qui est chargé d'implorer la clémence des esprits. Ce culte est tellement entré dans les usages qu'il fait aujourd'hui partie de ses fonctions et n'en est pas la moindre aux yeux du public. Il fait fermer les portes de la ville pendant les sécheresses, pour conjurer la pluie de succéder au soleil dévorant. En temps de calamité il interdit l'usage du porc. Il va se soumettre lui-même à des jeûnes rigoureux dans les pagodes du voisinage, et quand, par hasard, le temps varie selon le désir de la foule, il est reconnu qu'il est bon administrateur et puissant auprès des génies ; il peut se livrer alors à toutes les exactions, sa réputation est faite et sa parole est écoutée.

En général, les mandarins sont sceptiques ; ils sont beaucoup trop intelligents pour partager ces croyances, mais ils se garderaient bien de montrer de la tiédeur : ils soutiennent, au contraire, les superstitions qui, leur sont fort utiles en maintes circonstances.

La ville de Kouy-Yang-Fou est une agglomération que je ne pense pas être supérieure à 60 000 habitants. Cependant la mission lyonnaise estime à plus de 100 000 le chiffre de la population : si l'on excepte quelques pagodes, elle est, comme toutes les villes de la Chine, dépourvue de monuments remarquables. Une rivière qui a peine à remplir son lit pendant la moitié de l'année laisse à nu ses grèves maculées par les inondations dans son parcours à travers les faubourgs. Quelques yamens, assez vastes, se distinguent du reste des maisons, mais rien ne signale une grande prospérité.

Et cependant l'heureuse fortune d'avoir été épargnée par les horreurs de la guerre pendant l'insurrection des rebelles aurait dû lui assurer quelque splendeur. Il n'en est rien : seule ou à peu près, la présence des hauts mandarins de la province est la source de son activité. Son commerce est de peu d'importance, en raison de sa situation éloignée des rivières navigables et des difficultés que présentent les routes.

Kouy-Yang-Fou est à peu de distance du faîte qui sépare le bassin du fleuve Bleu de celui du fleuve de Canton, de sorte que pour l'atteindre, soit d'Han-Kéou, soit d'Ou-Tchéou-Fou, il faut compter des voyages de plusieurs mois.

Les relations les plus fréquentes se font avec Tchong-King, par la route directe de Tsen-Y-Fou. Ce sont quinze journées de fortes étapes qu'il faut pour aller à la grande ville du Se-Tchouen.

Le Yuen-Kiang permet aussi des relations avec Han-Koou, le Hou-Nan et le Hou-Pé, mais il faut quatre-vingt-dix jours de route, dont soixante-dix en barque. Les

PORTE D'ENTRÉE D'UN YAMEN. — DESSIN DE MASSIAS.

grandes jonques de soixante tonnes remontent jusqu'à Tchan-Té-Fou et, de là, les barques de cinq à six tonnes vont jusqu'à Tchen-Yuen-Fou, où la navigation devient impossible. De cette ville, il y a encore dix à quinze étapes.

Dans le Sud, les relations sont peu importantes, elles prennent la direction de Tou-Yun-Fou, et, de là,

PORTE PRINCIPALE DE KOUY-YANG-FOU. — DESSIN DE J. LAVÉE.

bifurquent soit par Tou-Chan et Li-Po, célèbre par ses tabacs, soit par San-Kio situé sur les rives du Kou-Tcheou-Ho qui commence en ce lieu à devenir accessible aux petites barques. Cette rivière, qui est l'affluent le plus important du Hong-Choui-Ho, grossit rapidement ; à Tchan-Gan, la navigation est possible pour les jonques de vingt-cinq à trente tonnes. C'est la route de Kouei-Lin-Fou, et, en continuant sur le Kou-Tcheou-Ho, celle de Canton.

Dans l'est les relations se font par Gan-Chouen-Fou et Kiu-Tsing-Fou, qui est la route de Yun-Nan-Sen, et aussi par Hing-Y-Fou et Pé-Sé, mais cette dernière est presque toujours coupée par les pirates qui ont adopté le voisinage des frontières du Kouei-Tchéou, du Kouang-Si et du Yun-Nan.

Les importations principales à Kouy-Yang-Fou sont les cotons et les toiles grossières du Hou-Pé, les thés du Yun-Nan, les filés coton indiens, l'opium célèbre de Houang-Sao-Pa, les soies du Se-Tchouen et le pétrole américain qui arrive par Tchong-King. Il y a à peine quatre ou cinq ans qu'apparut à Kouy-Yang-Fou la première lampe à pétrole, et voilà que maintenant la ville entière a adopté ce nouvel éclairage. En somme, Kouy-Yang-Fou est bien plutôt un grand centre administratif qu'une ville de commerce.

Il n'y a guère plus de deux siècles que le Kouei-Tchéou a été incorporé à l'Empire chinois. Avant cette époque, il formait un grand royaume dont la population était Miao-Tse et Tchong-Kia. Les Miao-Tse, purs descendants de la race aborigène de ces régions, s'étendaient spécialement dans l'Est et le Sud-Est, tandis que les Tchong-Kia, race déjà mêlée par des invasions venues du Kiang-Si, occupait l'Ouest et le Sud-Ouest jusqu'aux frontières du Yun-Nan. L'ensemble de ces deux races formait un royaume Miao-Tse, qui s'étendait sur tout le Sud du Kouei-Tchéou et avait pour limites, au Nord, le Ou-Kiang qui va se jeter dans le fleuve Bleu à Fou-Tcheou-Fou.

Lorsque les Chinois se furent emparés de ce royaume, ils le divisèrent en cercles militaires, fixèrent la résidence des grands mandarins dans les grands centres, et chassèrent les Miao-Tse du voisinage des grands chemins qu'ils occupèrent militairement. Ils détachèrent ensuite du Se-Tchouen la bande de territoire comprise entre le Ou-Kiang et le fleuve Bleu et formèrent la province de Kouei-Tchéou telle qu'elle est aujourd'hui avec Kouy-Yang-Fou, résidence des anciens rois Miao-Tse, pour capitale. Enfin, ils mirent cette province sous la haute direction du vice-roi du Yun-Nan.

Depuis cette époque, le Gouvernement appartient à la Chine. Pourtant dans la région de Li-Ping-Tchéou, Kou-Tcheou-Ting et Tou-Yuu-Fou, les petits princes Miao-Tse étaient parvenus à rester indépendants. Mais à la suite de la dernière guerre, ils durent accepter le joug chinois et, aujourd'hui, s'ils administrent

ÉGLISE CATHOLIQUE DE KOUY-YANG-FOU. — DESSIN DE MASSIAS.

toujours leurs territoires, ils sont sous la férule sévère du Ting de Kou-Tchéou et du Fou de Li-Ping. On estime qu'actuellement la population de Kouei-Tchéou est indigènes pour les 4/5 : les Chinois n'occupent guère que quelques districts, toutes les villes et les voisinages des grandes routes.

Un autre motif, moins sérieux que nos fatigues, mais absolument inévitable, nous obligeait à séjourner à Kouy-Yang-Fou. Nous touchions à la fin de l'année chinoise. Le 10 février 1899, 1er jour de la 1re lune de l'année, était, pour la Chine, le jour de l'an, le jour du *Konien*, c'est-à-dire la plus grande fête du calendrier. Pendant cinq jours tout reste fermé, excepté les maisons d'opium et de thé qui sont alors envahies, tous les travaux, quels qu'ils soient, sont interrompus, les comptes, les affaires sont arrêtées ; il devient impossible d'obtenir quoi que ce soit d'un Chinois. De plus les Tribunaux sont fermés pendant quinze jours et les gens mal intentionnés profitent toujours de cette époque pour faire leurs mauvais coups. Aussi est-il prudent pour l'Européen qui voyage en Chine de se tenir en lieu sûr pendant cette période. Ces cinq jours sont surtout employés par les Chinois à dépenser les quelques sapèques qu'ils ont pu économiser durant l'année écoulée. Pétards, feux d'artifices, réunions de famille, promenades triomphales de dragons en papier, dans la rue, tout ce que l'imagination peut inventer de plus grotesque, est destiné à égayer le Ko-nien.

Aussi, dès le 9 février, veille de ce jour si solennel, toutes les montagnes des environs de Kouy-Yang-Fou flambaient et, le soir, à la tombée de la nuit, d'immenses brasiers excités par le vent léchaient les flancs des hauteurs, les gravissaient d'un train de course, et brûlaient la brousse jusqu'aux sommets des montagnes. C'était réellement un spectacle magnifique. Par exemple, la nuit fut moins intéressante ; le vacarme emplit la ville jusque dans ses faubourgs ; les pièces d'artifice crépitèrent jusqu'à l'aurore. Dès le matin du

LA PETITE CLASSE DE L'ÉCOLE CATHOLIQUE DE KOUY-YANG-FOU. — DESSIN DE MASSIAS.

grand jour, tout notre personnel, Joseph en tête, revêtu de ses plus beaux costumes vint, devant nous, faire le *ko-teou*, c'est-à-d re se mettre à genoux et se prosterner trois fois le front touchant terre, en signe d'obéissance, de souhaits pour l'avenir, comme un hommage dû aux maîtres ; puis, suivant l'usage, ils firent cadeau à chacun de nous d'une toque de lettré ; et naturellement toute cette cérémonie fut accompagnée de pétards qui éclataient dans nos jambes.

C'est aussi le jour des visites, mais pour les éviter chacun condamne sa porte et s'en va chez les voisins, amis ou connaissances, porter sa carte avec le plus d'étalage possible. Personne ne restant chez soi, les rues sont encombrées d'une foule exubérante. Dans l'après-midi, les chaises des grands mandarins, suivies de parasols rouges et d'escortes, se croisent dans les ruelles, s'entrechoquent et n'avancent que lentement. On n'entend plus alors, dans toute la ville, que les jurons des satellites, les plaintes étouffées du bon peuple qui, un peu rudoyé par la valetaille, s'écarte pour éviter les baguettes. Les pois fulminants éclatent de toutes parts ; c'est un remue-ménage incessant d'un singulier aspect. Toutes les maisons sont pavoisées, les enseignes repeintes, les banderoles se croisent et s'agitent au moindre vent sur la foule grouillante et les chaises, suivant la cadence des porteurs, se balancent doucement.

Nous dûmes aussi nous conformer à l'usage, en allant porter nos cartes chez les principaux mandarins, pendant que l'Évêché était assiégé par un va-et-vient de satellites porteurs de celles de leurs maîtres. Le soir et la nuit du Konien furent encore plus agités que la veille. Le surlendemain seulement la ville épuisée commença à se calmer.

Peu tentés de sortir, pendant ces jours d'allégresse, nous restâmes en compagnie de Monseigneur et des Pères, soit dans le jardin, soit dans une salle autour d'une grande table où chacun étalait ses papiers, ses cartes et ses notes. Nos soirées ne se prolongeaient guère, mais chacun y déployait son talent. M. Leclère jouait de la flûte, le P. Bodinier, d'une voix légère, mais très expressive, chantait des romances anciennes : *les Bâtons de Vieillesse, le Chêne et le Roseau, le Savetier et le Financier*, etc. Le P. Laborde faisait entendre des hymnes à la France et les chansons béarnaises, souvenirs de jeunesse et de sa belle vallée d'Ossau. Le P. Jouishomme chantait un peu la rigolade et le P. Lucas, poète distingué, déclamait ses poèmes. Il mettait bien quelquefois de côté les règles de la versification pour les besoins de la cause, mais il présentait ses vers en musique et par cela même ils avaient un double succès. Nous transcrivons ici un de ces poèmes relatant les quelques désagréments qui accompagnèrent son voyage lorsqu'il était en route pour Kouy-Yang-Fou, en 1880.

Au lieu de suivre la voie ordinaire, par le fleuve Bleu jusquà Tchong-King, il avait reçu l'ordre de suivre la route dont Margary avait fait une première reconnaissance en 1874.

Ils avaient mis près de quatre mois pour faire ce voyage, dont trois et demi, sur de méchantes barques.

Voici l'ode rappelant ses souvenirs : elle est adressée à un jeune ami.

LES PLAISIRS DU VOYAGE

Vous désirez savoir, mon cher enfant,
  Les douceurs pures et sereines
Qu'un voyageur, en pays d'Orient,
  Goûte, dans ses courses lointaines :
Vous le voulez ; je cède à vos désirs,
  Allons, ma muse, du courage.
Car il en faut pour chanter les plaisirs,
  Chanter les plaisirs du voyage.
Il faut d'abord dire un suprême adieu,
  Au chemin de fer de l'Europe,
A ce géant de flammes et de feu,
  Qui, rugissant, toujours galope.
Puis à quoi bon s'élancer, mes amis,
  Dans l'espace, avec tant de rage ?
En Chine, on fait, par jour, ses trente lis ;
  Voilà les plaisirs du voyage.
Dans une jonque, accroupi de son mieux
  On peut jouir tout à son aise
Des grands combats que se livrent, entre eux,
  Le pou, la puce et la punaise :
Par la fumée, aux épais tourbillons,
  Voir jambonner son beau visage ;
Passer trois mois assis sur ses talons ;
  Voilà les plaisirs du voyage!

Lorsque Phébus, Phébus aux crins dorés,
  Des monts illumine la crête ;
Quand les oiseaux, dans leurs nids balancés,
  Gazouillent leur refrain de fête.
Notre courrier nous dit, d'un air malin :
  « Demain vous irez au rivage ! »
F...ichu courrier, tu dis toujours demain
  Voilà les plaisirs du voyage !
Un beau matin, il m'en souvient, hélas !
  Tout près de la nef, immobile,
J'ensanglantai les innocents ébats
  D'un trop confiant volatile.
« Mon doux courrier, dis-je, vois-tu, là-bas?
  « Va chercher mon canard sauvage. »
Il le vit bien, mais ne le chercha pas.
  Voilà les plaisirs du voyage !
Pour en finir, esquissons le festin
  Aux lieux où le soleil se lève,
Quand on est riche, on peut manger du chien
  Ou d'un vieux buffle quand il crève.
Les délicats assaisonnent le riz
  De piment, au rouge corsage,
La bouche en flambe et le ventre en gémit
  Voilà les plaisirs du voyage !

Je n'ai pas encore parlé de l'excellent P. Gréa. Dans les concerts il était comme moi parmi les auditeurs, mais c'était lui qui faisait les compliments et ils étaient toujours flatteurs.

Le P. Gréa, en Chine depuis 1865, est né en Franche-Comté, au pays d'Arinthod et, depuis qu'il a tourné le cap de Bonne-Espérance, il n'a plus revu le clocher de son village, mais son humeur n'en est pas moins charmante. Monseigneur présidait à nos réunions et sa dignité toute paternelle ne lui défendait pas de prendre part à ces séances épiques dans la grande pièce convertie en salle de travail, de fumoir et de conversation.

Le P. Bodinier est aussi un doyen de la Mission du Kouei-Tchéou. Il y arriva en même temps que le P. Gréa, c'est-à-dire il y environ 35 ans. Il est grand, distingué ; une longue barbe blanche ajoute encore à son air vénérable. Il fut, avant la création du consulat de France à Tchong-Ting, envoyé auprès de notre ministre plénipotentiaire à Pékin pour les affaires de la Mission et dut y rester quelque temps. Il est un botaniste remarquable.

LE P. BODINIER, MISSIONNAIRE, ET LES ÉLÈVES DU SÉMINAIRE CATHOLIQUE DE KOUY-YANG-FOU.
DESSIN DE MASSIAS.

Le temps demeura peu engageant pour les longues promenades pendant notre séjour à Kouy-Yang-Fou. Nous eûmes de la neige, beaucoup de pluies et une température minima de 5 à 7 degrés au-dessus de zéro, mais elle s'élevait à 25° à midi, sitôt qu'une embellie se produisait.

Le 13 février, croyant à une belle journée, M. Monod et moi nous montâmes à cheval pour nous rendre dans la montagne, au petit collège où nous attendait le P. Chafangeon, son directeur, qui nous invitait à tirer les faisans. Une pluie violente nous obligea à rentrer. Le lendemain, le temps étant encore plus mauvais que la veille; nous dûmes battre en retraite et regagner Kouy-Yang-Fou.

En revenant nous reconnûmes à mi-côte un puissant gisement de charbon qui affleurait à la surface. Ce gisement, bien connu des missionnaires, n'est pas exploité à cause du mauvais combustible qu'il fournit. Cette équipée valut à M. Monod une recrudescence de fièvre qui dura toute la soirée et la journée du lendemain. Il était évident que son fâcheux état de santé s'aggravait

CONSTRUCTION D'UNE ÉGLISE À TCHEN-LIN (KOUEI-TCHÉOU). — DESSIN D'OULEVAY.

de jour en jour et qu'il devenait extrêmement imprudent pour lui d'entreprendre le rude voyage qui nous attendait dans le bas Kouei-Tchéou et le Kouang-Si.

Depuis quelques semaines nous nous disions bien cela, mais il nous en coûtait de nous séparer d'un aimable camarade.

MM. Viard, Bourguignon et Bride, tous trois membres de la mission Guillemoto, étaient arrivés à Yun-Nan-Sen à la fin du mois de décembre dernier et, depuis lors, ils avaient dû remonter en deux colonnes sur Soui-Fou. Ces deux groupes avaient dû, évidemment, se donner rendez-vous à Tchong-King : de sorte qu'en se dirigeant sur cette dernière ville, M. Monod avait beaucoup de chances de rencontrer ces messieurs et de descendre avec eux le Yang-Tsé, jusqu'à Changhaï, où ils devaient s'embarquer pour regagner Hanoï. Il fut donc convenu qu'il se rendrait à Tchong-King quand nous quitterions Kouy-Yang-Fou et il fut chargé de prolonger les études géologiques de la Mission jusqu'au Se-Tchouen. De sorte qu'en poussant cette pointe dans le Nord il allait continuer à nous donner son concours en étendant l'exploration scientifique que nous devions compléter dans le Sud.

La mousson du Nord-Est continuant à souffler, nous restâmes plus d'une semaine à l'abri des giboulées, et jamais la grande pièce ne se vit plus transformée en salle de travail que pendant ce temps.

Nous profitâmes aussi de ces jours de tranquillité absolue pour aller faire notre visite au Fou-Taï avec le concours du P. Gréa comme interprète. Nous avions prévenu, suivant l'usage, le gouverneur de notre visite; il nous fit répondre qu'il nous recevrait le 21. En effet, nous trouvâmes son yamen en grande tenue d'apparat pour notre réception. Il nous pria de nous asseoir autour d'une table revêtue d'une nappe européenne couverte de fruits et de gâteaux chinois, de verres et d'un service en ruolz. De petites tasses de thé furent distribuées et la conversation commença par les présentations accompagnées de saluts à la chinoise.

Puis, après une entrée en matière courtoise, le P. Gréa expliqua au Fou-Taï comment le but scientifique de notre voyage intéressait, au même titre, la France et la Chine, aujourd'hui alliées. Il lui demanda pour nous accompagner jusqu'à Kouei-Lin-Fou, quatre satellites de son yamen. Il consentit à nous donner deux satellites jusqu'à Kouei-Lin et deux autres à M. Monod pour aller à Tchong-King. Il ajouta que le pays que nous allions traverser n'était pas sûr; qu'au Hou-Nan, il y avait beaucoup de brigands et qu'il ne fallait pas nous écarter, afin de faciliter la protection des mandarins : qu'il n'y avait qu'une route possible, si nous voulions éviter le Hou-Nan, celle de Tou-Yun-Fou, San-Kio, Kou-Tchéou-Tin, Hoai-Huen-Hien et qu'encore elle était presque abandonnée, souvent peu praticable ; qu'il nous voyait avec peine nous engager de ce côté ; mais que, puisque nous y tenions absolument, il allait faire prendre des mesures par ses chefs de districts, afin que les populations Miao-Tse nous respectassent. Sur cette bonne parole, la séance fut levée et trois coups de canon annoncèrent à la ville que nous sortions du Yamen de son gouverneur.

Le 22 février nous assistions à l'enterrement d'un vieux prêtre chinois qui, gravement malade depuis plusieurs années, venait d'expirer chez le P. Bodinier. Son corps fut déposé dans le cimetière chrétien à côté des tombes de Mgr Faurie décédé il y a quelques années deuxième Evêque du Kouei-Tchéou, du P. Mihier, ancien provicaire et premier Fondateur de la mission du Kouang-Si, du père Vielmon dont le nom a été bien souvent prononcé dans les affaires de Chine et des PP. Fourcy, Nicol, Vray, Largeteau et Niaux. C'est avec une véritable émotion que je salue ces noms glorieux qui rappellent des vies si belles de dévouement. Rares sont les Français qui viennent visiter ces tombes ; aussi, dans ma pensée, me semblait-il que je représentais mon pays autour d'elles. C'est donc au nom de la France entière que je laisserai échapper, sur ce champ de repos, un cri d'admiration et de reconnaissance.

Nos visites officielles étant faites et nos santés plus florissantes, nous employâmes les derniers jours du mois à achever nos préparatifs de départ. Il fut décidé que nous nous mettrions tous en route le 28 février, M. Monod pour Tchong-King, M. Leclère et moi pour Kouei-Lin-Fou, par le chemin que nous avait indiqué le Fou-Taï.

Résolu de n'emporter de nos bagages que le strict nécessaire, nous nous allégeâmes d'à peu près toutes nos conserves, de notre provision de vin et de nos chevaux inutiles. Ainsi réduite, notre caravane allait se composer de Joseph, notre interprète, de Houang, le domestique de M. Leclère, de Fa, mon domestique, de Li-Hon-Gan, le cuisinier, de six ma-fous, au total 10 hommes, 5 chevaux montés, 15 animaux de bât et 6 porteurs de chaise.

Le 27, le P. Lucas prit les devants pour nous faire les honneurs de sa chrétienté du Long-Li-Hien, où nous devions faire étape le deuxième jour. Il devait ensuite nous accompagner jusqu'à Tou-Yun-Fou pour communiquer avec le P. Cavalerie qui dirige un oratoire dans cette ville.

Enfin le 28, par un beau jour, nous nous séparâmes tristement de nos aimables hôtes en leur disant adieu. M. Monod s'achemina dans la direction de Tchong-King et nous prîmes avec le P. Laborde, qui voulut encore faire quelques pas avec nous, la direction de Kouei-Lin-Fou, suivis de nos deux satellites et précédés d'une escorte de soldats.

PORTE D'UN CERCLE DE COMMERÇANTS CHINOIS — DESSIN DE TAYLOR.

LE KOU-TCHOU-HO PRÈS DE SAN-KIO (PAGE 52). — DESSIN DE TAYLOR.

CHAPITRE V

De Kouy-Yang-Fou, à Kouei-Lin-Fou

Gisements de charbon près de Kouy-Yang-Fou. - Long-Li-Hien. - Tou-Yun-Fou. - Les Tchong-Kia du Sud-Ouest et les Miao-Tse du Sud-Est du Kouei-Tchéou. - Les indigènes de de Mao-Tsao-Pin. - Tou-Sé des indigènes soumis. - Kou-Tchéou-Ting. - Visite au Tao-Taï. - Costumes de Miao-Tse. - Tentative de vol sur nos bagages à la frontière du Kouei-Tchéou. - Hoai-Yuen-Hien. - Tchang-Gan. - Arrivée à Kouei-Lin-Fou.

PASSAGE A GUÉ D'UNE RIVIÈRE
(PAYS DES MIAO-TSE).
DESSIN D'OULEVAY.

PEU après avoir quitté Kouy-Yang-Fou, nous nous élevions dans l'Est sur les hauteurs, nous passions un premier col dans lequel il existe un gisement de charbon, le soir nous faisions halte au petit village de Kon-Kio, et le lendemain, après avoir parcouru une région assez maussade, vallonnée et peu fertile, dans laquelle nous constatons un nouveau gisement de charbon, nous arrivions à Long-Li-Hien, dans le pays que le P. Lucas appelle sa Normandie.

Cette petite ville, située au pied d'une arête Nord-Sud, est encore dans le versant des affluents du Ou-Kiang. Elle compte cinq à six mille habitants et ne doit son importance qu'à la résidence du mandarin du district.

Nous allâmes directement chez le P. Lucas, dont la bonne humeur, tout éveillée par le plaisir de nous recevoir, nous remit de suite de l'ennui des premières étapes. Il était tout joyeux, tout dispos, avait mis en ordre son petit domaine, et faisait ses préparatifs, car, comme il nous l'avait promis, il allait jusqu'à Tou-Yun-Fou, « partager avec nous les plaisirs du voyage ». Il nous montra sa petite chapelle récemment construite, et nous fit remarquer l'autel dont les sculptures sur bois très fines étaient l'œuvre d'un artisan de Long-Li, d'après des plans français.

Donc, le lendemain, 2 mars, accompagnés du P. Lucas, qui, comme nous, voyageait à cheval, nous prîmes l'ordre de marche accoutumé. La route que nous suivions était celle du Hou-Nan, par.Tchen-Yuen-Fou, et Tchang-Té-Fou. Nous devions l'emprunter jusqu'à Koui-Tin-Hien où nous arrivâmes le soir même.

Cette petite sous-préfecture est comparable à Long-Li-Hien par son peu d'importance. Elle est située dans le Nord-Est de cette dernière, à 40 kilomètres environ. La vallée, bien cultivée, est séparée de celle de Long-Li par deux arêtes dont les sommets ont une moyenne de 1 600 mètres d'altitude. Entre ces deux arêtes nous franchîmes, sur un beau pont en pierre, près du bourg Tong-Tchen-Kiang, une belle rivière non navigable appelée le Tchen-Choui-Kiang qui s'en va vers le Nord grossir la rivière Kouy-Yang-Fou.

A partir de Koui-Tin-Hien, nous changeâmes de direction en prenant dans le Sud-Est. Pendant les journées du 3 et du 4 mars, nous franchîmes de nouvelles hauteurs orientées Nord-Est, presque désertes, et dont les pentes boisées indiquaient que nous entrions peu à peu dans les pays indigènes. En effet, en nous approchant de Tou-Yun-Fou, nous rencontrâmes des bandes Miao-Tse et Tchong-Kia, qui revenaient du marché, et regagnaient leurs villages. Tou-Yun-Fou est adossée aux premiers escarpements qui limitent à l'Est une superbe vallée. Ses maisons, échelonnées sur les pentes, sont disséminées dans des jardins qui remplacent des faubourgs disparus, tandis que ses bas quartiers sont arrosés par une rivière appelée le Ki-Kia-Ho. En grande partie ruinée pendant la guerre, cette ville est très heureusement située.

L'oratoire du P. Cavalerie domine le pays dans le haut de la ville. Il était malheureusement vide ; le P. Cavalerie avait dû se rendre à Tou-Chan-Tchéou, à deux journées de là, dans le Sud-Est. Malgré son absence, le P. Lucas, nous pria de nous installer à la mission et nous usâmes de cette hospitalité.

Le district du P. Cavalerie est extrêmement vaste et l'oblige à de continuelles absences. Tout entier compris dans la région des indigènes, il s'étend sur les territoires de Tou-Yun-Fou, Tou-Chan-Tchéou et même sur celui de Li-Po-Hien. Nous perdîmes donc beaucoup à ne pas voir le P. Cavalerie, car personne ne connaît mieux que lui les Miao-Tse, et ne pouvait nous donner sur leurs mœurs, leurs coutumes et leurs relations avec les Chinois des renseignements plus précis. Cependant, il est à remarquer que sur les confins Ouest et Sud-Ouest de la région, que jusqu'ici les cartes .ont indiqués comme le territoire indépendant des Miao-Tse, dans le Sud-Ouest du Kouei-Tchéou, la population toute indigène n'est pas uniquement composée de Miao-Tse.

Dans les territoires sur lesquels s'exerce l'influence du P. Cavalerie, les races Miao-Tse et Tchong-Kia sont mélangées, et les Tchong-Kia sont les plus nombreux. Cet amalgame s'étend au Sud de Tou-Yun-Fou, sur tout le versant des rivières qui s'écoulent vers le nord, tandis que sur le versant Sud des montagnes, toute la population est Miao-Tse,et est restée jusqu'ici réfractaire à toute pénétration.

Fétichistes, et adorant des pierres aux formes spéciales qu'on rencontre au carrefour des routes et auprès des villages, sous des abris grossiers, les indigènes ont repoussé toutes les formules bouddhiques au même titre que tout ce qui leur vient des Chinois, leurs ennemis, tandis que la douceur des missionnaires leur a plu. Ils écoutent volontiers leurs paroles, ont confiance en ces étrangers qui ne leur ont jamais fait que du bien et en ce moment il se produit parmi eux un important mouvement vers le christianisme. Le troupeau des missionnaires s'accroît donc de jour en jour. Il grandirait encore si les catéchistes connaissant la langue Miao-Tse étaient en nombre suffisant. Ce sont les deux P. Schotter qui ont déterminé ce mouvement chez les Tchong-Kia et du côté de Hing-Y-Fou, et les P. Cavalerie, Esquirol, Menel et Thérion, chez les Miao-Tse-Tchong-Kia et dans le Sud-Est du Kouei-Tchéou. Nous séjournâmes à Tou-Yun-Fou les journées du 5 et 6 mars pour nous occuper du remplacement de trois chevaux de bât par six porteurs que nous enrôlâmes jusqu'à Kouei-Lin.

En quittant la ville il fallu nous séparer de notre charmant compagnon de route, le bon P. Lucas. Ce ne fût qu'après l'avoir chargé de nos souvenirs, de nos regrets et de nos derniers adieux pour la mission du Kouei-Tchou dans laquelle dorénavant nous comptions de si bons amis, qu'il se mit en route suivi de son unique serviteur, porteur de sont léger ballot. Nous le vîmes s'éloigner puis disparaître dans le

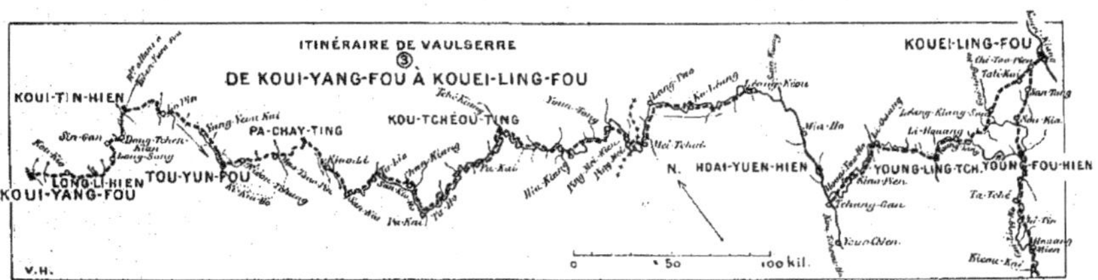

RÉGION DE KOUI-YANG-FOU À KOUEI-LING-FOU.

RIZIÈRES DES MIAO-TSE DU SUD-EST. — DESSIN DE TAYLOR.

lointain sur la route de Tou-Chan-Tchéou, où il allait rejoindre le P. Cavalerie. Dorénavant nous ne devions plus rencontrer de missionnaires sur notre route jusqu'à Long-Tchéou, c'est-à-dire jusqu'aux frontières du Tonkin.

Aussitôt après la sortie de la ville, nous tournâmes dans le Sud-Est et nous commençâmes à nous engager dans les montagnes qui servent de refuge à la population indigène. Difficile et fortement ravinée, cette région est couverte de grands bois sur les sommets, quelques villages éloignés se montrent sur les lisières et la piste qui sert de chemin n'est marquée d'aucune trace de caravanes, c'est surtout une route militaire reliant Tou-Yun-Fou à Kou-Tchéou-Ting, résidence d'un général chinois et d'une nombreuse garnison.

Grâce à la brièveté de notre première étape, nous arrivâmes de bonne heure au gîte du soir, au village moitié Tchong-Kia, moitié Miao-Tse de Mao-Tsao-Pin. Ayant poussé une reconnaissance au delà des hauteurs, je vis un pays très habité, couvert de belles rizières dans les fonds, de gros villages à maisons basses construites uniformément avec des mottes de terre serrées en forme de grosses briques, et couvertes de chaume. Ces agglomérations, généralement dissimulées derrière des haies et des fourrés de bambous qui en défendent les abords, ne sont pas, comme dans la région que nous avions traversée, entourées de ruines qui rappellent les dévastations de la guerre. Soit que les Miao-Tse, plus soigneux que les Chinois, en aient fait disparaître les traces, soit que le théâtre de la guerre ne se soit pas étendu dans ces pays d'accès difficile, il me resta l'impression que les Miao-Tse vivent tranquilles et dans l'aisance au milieu de leurs montagnes et qu'à l'exception de quelques commerçants, il n'y a pas un seul Chinois dans l'intérieur du pays.

Quand je revins à la maison qui nous servait de logis, je trouvai M. Leclère, assis sur le devant de la porte, fumant paisiblement un cigare. Il était l'objet de la contemplation des indigènes et supportait très philosophiquement leurs regards. Pourtant, je suppose que les soldats de notre escorte avaient eu quelque querelle avec les habitants, car, à la chute du jour, pendant que nous dînions, il se produisit une bagarre et les pierres commencèrent à voler. Fort heureusement les volets étaient fermés. Ce fut d'ailleurs une échauf-fourée qui ne dura qu'un instant, mais elle nous montrait la susceptibilité des indigènes vis-à-vis des Chinois.

Le lendemain nous partions sans encombre, et, après une heure de descente, nous traversions dans une fraîche vallée toute boisée le Ki-Kiao-Ho, qui, ainsi que je l'ai dit plus haut, fait un brusque coude au delà de Tou-Yun-Fou, pour prendre une direction générale Nord-Est. Il est probable que dans ce coude, il reçoit un affluent de quelque importance, car il est beaucoup plus considérable qu'à Tou-Yun-Fou.

En face de nous s'élevait une haute arête rocheuse qui paraissait devoir nous barrer le passage. De la faible altitude où nous étions sur les bords du Ki-Kiao-Ho (870ᵐ), elle se montrait formidable et nous nous demandions s'il allait falloir faire un bien long détour pour la contourner ; mais une piste chinoise ne se détourne pas pour si peu, et puis ces hauteurs ne pouvaient pas se tourner puisqu'elles étaient la suite de la ligne de partage des eaux entre le fleuve Bleu et fleuve de Canton.

Il nous fallut quatre heures pour faire cette ascension, mais en arrivant au col, à 1 300 mètres d'altitude, nous vîmes à nos pieds la petite ville de Pa-Chay-Ting, et un plateau vallonné entrecoupé de massifs aigus, qui se déroulait vers l'Est en s'abaissant dans le Sud.

En descendant les revers de cette montagne nous quittions définitivement les plateaux du Kouei-Tchéou, et nous allions nous acheminer peu à peu vers les plaines basses du Kouang-Si.

Pa-Chay-Ting est une petite ville murée située sur la lisière Ouest du territoire des Miao-Tse. Tous les habitants sont indigènes et toutes les maisons sont construites en bois. Une forte garnison y réside, sous la direction d'un mandarin militaire d'un grade élevé qui exerce sur les petits princes Miao-Tse les mêmes fonctions administratives que celles de nos chefs de cercle dans nos colonies.

Située à proximité du col que nous venions de traverser, Pa-Chay-Ting joue un rôle d'occupation important en assurant les communications avec Tou-Yun-Fou. Elle surveille, en outre, toutes les vallées qui débouchent vers le Sud. A peine étions-nous entrés dans la modeste maison qui nous servait de logis, que nous fûmes assaillis par une bande d'indigènes curieux de nous voir.

Le 9 mars, nous tournions brusquement dans le Sud, et toute la journée nous descendîmes rapidement en suivant des vallées parallèles. Les bords du plateau du Kouei-Tchéou s'abaissent si brusquement que, par moments, c'était par des escaliers de cent marches que nous passions d'une vallée dans une autre. De temps en temps, nous rencontrons des villages Miao-Tse, entourés d'arbres fruitiers tout en fleurs ; leurs maisons, en bois, étaient généralement élevées sur pilotis le long des ruisseaux et adossées aux flancs des collines ; ornées de balcons, de nombreuses fenêtres et de larges auvents pointus, elles rappellent beaucoup les chalets suisses. Quant à la population, elle ne comprenait rien au langage de nos Chinois.

Nous arrivâmes le soir, par une température tout à fait agréable, à la jolie petite ville chinoise de San-Kio, qui est située à 370 mètres d'altitude seulement sur le bord d'une rivière qui, pendant la saison des pluies, devient navigable en ce lieu. Les barques d'une tonne peuvent remonter à San-Kio pendant l'été. La rivière est d'une navigation très difficile. Comme, suivant l'usage chinois, cette rivière change de nom à chaque village, et comme nous devions la suivre pendant plus de trois cents kilomètres, je la surnommai, pour plus de clarté, le Kou-Tchéou-Ho, du nom de la première ville importante de son parcours. Donc, le Kou-Tchéou-Ho traverse le territoire des Miao-Tse dans le Sud-Ouest, devient considérable et va ensuite dans le Sud, par Liéou-Tchéou-Fou, se jeter dans le Houg-Tchoui-Fou, à quelques lieues en aval de Siang-Tchéou-Hien.

San-Kio est un comptoir où les Miao-Tse de la région de l'Ouest s'approvisionnent de marchandises chinoises, mais comme les Miao-Tse des régions ne quittent jamais leur sol et dédaignent d'avoir des relations avec les Chinois, comme aussi ils n'admettent pas leur présence dans les territoires indigènes, les commerçants chinois ne se

PAYSAGE AUX ENVIRONS DE TOU-YUN-FOU (KOUEI-TCHÉOU) (PAGE 50). — DESSIN DE ROUDIER.

hasardent pas à faire du colportage dans l'intérieur du pays. Ils restent à San-Kio, sous la protection d'un petit mandarin, se mettent en relations d'affaires avec des intermédiaires Miao-Tse et leur font payer le plus cher possible les quelques marchandises dont ces peuplades ont besoin. Ce sont ces derniers seulement qui

LE KOU-TCHÉOU-HO CHEZ LES MIAO-TSE. — DESSIN DE COTOREL.

vont débiter dans les villages et sur les plateaux les cargaisons qu'ils apportent. Ce n'est d'ailleurs qu'un trafic de faible importance. Le plus considérable est l'importation du coton.

Les Miao-Tse étant de fort bons cultivateurs et d'habiles artisans, fort peu de choses leur manquent et ils n'ont que faire de s'adresser aux Chinois. Les hommes tissent le coton et le chanvre, les femmes font des broderies, fabriquent de belles étoffes de lin et de soie, elles en font aussi en poil de chèvre. Ils connaissent la manipulation du fer et fabriquent les bijoux en argent qui ornent les oreilles, le cou et les cheveux de leurs femmes.

Le plus grand marché de ces pays est la vente des bois. Les coupes faites, les indigènes font glisser les grosses pièces jusque sur le bord des rivières, construisent de grands radeaux et attendent que les crues leur permettent de se laisser aller au fil de l'eau avec leur chargement. Ils descendent ainsi les rivières, et s'arrêtent un peu au-dessus de Hoai-Yuen-Hien, exactement à la limite de leur territoire dans le Sud. Là, ils vendent leur bois à des marchands chinois qui en font un grand commerce dans le Kouang-Si et le Kouang-Toung.

En résumé, malgré les efforts des autorités chinoises, le pays indigène est resté, dans ces contrées, complètement fermé à la pénétration chinoise. Nominalement, les chefs des différentes tribus qui se partagent le territoire Miao-Tse relèvent, depuis la répression des dernières révoltes, de l'autorité supérieure des mandarins militaires qui sont établis dans les postes importants de la région, mais, en dehors de cette surveillance, ils restent les maîtres chez eux. Cependant, il est évident que les Miao-Tse perdent du terrain. Chaque insurrection se termine pour eux par un affaiblissement qui les oblige à laisser aux Chinois la porte ouverte. Ces empiètements successifs finiront à la longue par les faire disparaître.

Les districts chinois de Tou-Chan-Tchiou et de Li-Po-Hien sont des prises faites par le gouvernement impérial sur les indigènes. Ce fut de sa part une très grande habileté, car, en s'emparant de ces territoires, il a séparé les Miao-Tse des Tchong-Kia, que des affinités de race disposaient à des coalitions contre l'ennemi commun. Aussi les deux races sont-elles aujourd'hui confinées l'une dans le Sud-Ouest, l'autre dans le Sud-Est du Kouei-Tchéou, dans un état d'isolement qui leur ôte toute possibilité d'agir. Dans les régions complètement soumises, les peuplades dépendent toujours de leurs chefs de tribu. Mais ces chefs ne sont plus aujourd'hui, pour la plupart, les héritiers de leurs anciens princes que, par prévoyance politique, les Chinois ont fait disparaître. Ils sont les descendants de mandarins militaires chinois qui ont reçu du gouvernement de Pékin, en récompense de leurs services, l'investiture héréditaire de fonctions de Tou-Sé [1]. Au début, ces nouveaux chefs n'étaient que de simples fonctionnaires, administrant le pays pour le compte de la Chine, mais par suite des unions contractées par leurs successeurs avec des femmes Tchong-Kia ou Miao-Tse, ils sont devenus eux-mêmes indigènes. De sorte qu'aujourd'hui, plus enclins à écouter les intérêts des tribus dont ils ont la direction qu'à défendre ceux du gouvernement, ils sont surveillés de très près par les mandarins militaires et tenus en suspicion. Ils peuvent d'ailleurs être destitués, mais, d'après les conventions, c'est toujours un parent rapproché qui succède.

Les Tou-Sé sont chargés de l'administration de leurs districts, de la perception des impôts et de la basse justice. Les fautes graves et les crimes relèvent du tribunal du mandarin militaire chinois et eux-mêmes sont sous sa dépendance. Ils résident dans des yamens, ayant autour d'eux une nombreuse domesticité et un personnel d'employés qui leur sont particuliers. En somme, les Chinois ont appliqué aux populations indigènes du Kouei-Tchéou le même système administratif qu'ils ont adopté au Sé-Tchouen.

Maintenant que nous étions descendus des plateaux, nous allions suivre le Kou-Tchéou-Ho pendant plus de deux semaines, dans la direction du Sud-Est. Le Kou-Tchéou-Ho est large d'environ cent mètres en face de San-Kio, mais ensuite il se resserre dans les contreforts dont il est obligé de suivre les sinuosités, et sa vallée devient bientôt un profond et étroit fossé dans lequel la piste qui sert de chemin, taillée sur les flancs escarpés des berges, a tout juste la largeur d'un sentier. Souvent même éboulée, il nous fallut la rétablir au moyen des outils que les indigènes nous prêtèrent d'assez bon gré. Enfin, tantôt sur la rive droite, tantôt sur la rive gauche, elle est interrompue par de nombreux bacs assez dangereux et qui retardent considérablement la marche.

C'est en suivant ce chemin difficultueux que nous arrivâmes, le 10 mars, à Ta-Lio, chez un petit mandarin militaire, épicier à ses moments perdus, qui en sa qualité d'ancien citoyen de Changhaï, nous reçut chez lui en nous saluant d'une poignée de main.

Le lendemain, nous faisions étape dans la petite ville murée de Chan-Kiang, résidence d'un mandarin militaire de quelque importance, qui, suivant l'ordre qu'il en avait reçu, augmenta le personnel de notre escorte.

Si la marche, dans cette faille étroite qui servait de lit à la rivière, était difficile, les yeux, au moins, étaient distraits par l'agrément d'un fort joli paysage. Toutes les pentes étaient parsemées de bouquets

d'arbres qui se couvraient de feuilles printanières ; de temps en temps, d'énormes banyans, au tronc noueux couvert de lianes, élançaient au loin leurs branches touffues, et rappelaient nos vieux chênes druidiques ; de ci de là, quelques villages Miao-Tse, gardés par des postes militaires, se montraient dans le creux des vallons ou sur les bords de la rivière, à moitié cachés dans le feuillage des arbres fruitiers.

Dans les villages, nous fûmes bien reçus par les indigènes. Le seul embarras que nous éprouvions, en arrivant aux étapes, était la recherche

POSTE CHINOIS EN PAYS MIAO-TSE. — DESSIN DE MASSIAS.

d'un logis pour nos chevaux. Comme dans tous les pays où le colportage se fait à dos d'homme ou par bateau, il n'y avait pas d'écurie, pas plus d'ailleurs que d'auberge. Aussi, pour pouvoir trouver nos chevaux le lende-

1. Tou-Sé signifie « maître de la terre ».

PASSAGE DU KOU-TCHÉOU-HO. — DESSIN DE GOTORBE.

main, les attachions-nous sous nos chambres aux pilotis qui supportent les maisons ou aux piliers des balcons sur lesquels nos hommes disposaient leurs couchettes.

Au delà de Chan-Kiang, nous traversâmes une rivière qui débouche dans le Kou-Tchéou-Ho, sur la rive gauche, et le rend de suite plus important. A quelque distance de là, nous rencontrâmes quatre jonques de deux tonnes environ, qui, toutes voiles déployées, remontaient le Kou-Tchéou-Ho. Puis, un peu plus loin, un train de dix jonques, de moindre dimension, passait un rapide. Enfin, près de Pa-Kaï, petit village adossé à une croupe, à l'embouchure d'un affluent de droite, un Tou-Sé des environs vint nous saluer au passage. Il nous fut ensuite raconté que ce Tou-Sé venait d'être révoqué à la suite d'un procès qu'il n'avait pas su diriger comme le désiraient ses chefs directs. Il avait dû résigner ses fonctions et les céder à son neveu.

A mi-chemin de Pa-Kaï à Kou-Tchéou-Ting, nous rencontrâmes un groupe de satellites armés de drapeaux, de gongs et de trompes, qui avaient été envoyés à notre rencontre par le Tao-Taï de Kou-Tchéou-Ting, dans l'intention aimable de nous faire faire une entrée convenable dans la ville.

Avant d'y pénétrer, il nous fallut traverser le *Kaï* (marché) qui, extérieur et longeant les murailles, était, ce jour-là, inondé de monde. Aux sons des trompes et des gongs, grâce aussi à quelques coups de baguette distribués à propos, cette foule curieuse s'écarta pour nous laisser passer, mais se mit à marcher sur nos talons et à se bousculer dans les rues étroites, pour ne pas nous perdre de vue. Enfin, abandonnant toute notion de respect, elle pénétra en masse dans la maison d'un riche citadin que le Tao-Taï nous avait fait préparer, et nous fûmes un instant complètement envahis. Il fallut toute l'énergie de nos cinquante hommes d'escorte pour faire évacuer cette populace turbulente et quelque peu hostile. Elle resta de longues heures à vociférer et à nous lorgner à travers les portes jusqu'à la tombée de la nuit, heure à laquelle elle prit le parti de se dissiper.

Kou-Tchéou-Ting est une ville misérable, à moitié détruite, située au confluent d'une grande rivière qui ouvre le pays vers le Nord. Les maisons, très clairsemées, sont disséminées dans des jardins et au milieu des ruines. Le Kaï est plus populeux que la ville même. La population ne doit pas s'élever à plus de six mille habitants. Mais si Kou-Tchéou-Ting est peu considérable, elle est la résidence d'un Tao-Taï, c'est-à-dire d'un haut fonctionnaire délégué par le gouvernement de la province, ayant la haute main sur les districts Sud-Est du Kouei-Tchéou. Il est en somme le commandant supérieur du cercle dans cette région. Elle est en outre la résidence d'un *Tin* de grade élevé, chargé du commandement militaire et de l'administration du territoire.

Le lendemain, 15 mars, nous consacrâmes notre journée à faire nos visites. Le Tao-Taï, prévenu de notre passage par le gouverneur, nous reçut avec cordialité.

Comme son supérieur, il nous conseilla de renoncer à la route de Li-Ping-Tchéou à Kouei-Lin, afin d'éviter de passer par le Hou-Nan et les plateaux peu hospitaliers des Miao-Tse, et il nous proposa de continuer à descendre le Kou-Tchéou-Ho jusqu'à Tchang-Gan, pour de là tourner brusquement vers l'Est, dans la direction de Kouei-Lin. Il ajouta qu'en tout autre temps il nous aurait invités à nous embarquer tous sur de grandes jonques, ce qui nous aurait fait gagner beaucoup de temps, mais qu'en ce moment-ci les eaux étaient beaucoup trop basses pour être accessibles aux grandes embarcations, qu'il allait engager à notre service trois bateaux légers sur lesquels nous déposerions les charges de nos chevaux. Qu'ainsi allégés, nous pourrions continuer à suivre la rivière ; qu'il

IDOLES. — DESSIN DE MASSIAS.

savait bien que le chemin n'était praticable qu'aux piétons, mais qu'enfin il nous proposait la seule solution possible à cette époque.

Il nous promit en outre de nous faire accompagner, au delà de la frontière du Kouei-Tchéou, d'un petit mandarin militaire et d'une forte escorte, afin de nous mettre à l'abri des injures de la population. Nous cau-

LE PAYS MIAO-TSE DU SUD-EST DU KOUEI-TCHÉOU, PRÈS DE KOU-TCHÉOU-TING. — DESSIN DE BOUDIER.

sâmes ensuite du but de notre voyage, nous parlâmes des chemins de fer et il parut comprendre les avantages que leur création apporterait à son pays.

Le Tin fut beaucoup moins intéressant : ignorant de tout et ne répondant que par monosyllabes, il nous donna une piètre idée des chefs militaires chinois. Comme la conversation languissait, il eut l'idée d'envoyer chercher un jeune employé de son yamen, qui aussitôt entré prit la direction de la conversation et se montra aussi intelligent que son chef semblait abruti.

Le soir même, le Tao-Taï donna des ordres pour arrêter les trois barques qu'il nous avait promises. Mais les bateliers, peu soucieux de venir en aide à des étrangers, s'empressèrent, dès qu'ils eurent connaissance de ce qui venait d'être décidé, de passer avec leurs barques sur la rive opposée afin de se soustraire aux ordres qu'ils prévoyaient. Le Tao-Taï, un peu vexé de l'attitude de ses administrés, envoya aussitôt ses satellites chercher les bateliers et leur fit infliger cinquante coups de baguette pour leur apprendre à ne pas se moquer de lui. Après cette prompte correction, les fuyards vinrent se présenter à nous avec des figures toutes joyeuses, comme s'il ne se fût rien passé, et, au bout d'un instant, le contrat fut conclu. Pour trente taëls (126 francs) les trois barques étaient à notre disposition jusqu'à Tchang-Gan.

Tout étant ainsi réglé, nous quittâmes Kou-Tchéou-Ting le 17 mars avec toutes les assurances qu'il est possible d'avoir dans ce singulier pays pour continuer un voyage dans de bonnes conditions. Vingt soldats armés de fusils français modèle 1874 et commandés par deux petits mandarins, plus six satellites du Tao-Taï et nos deux satellites de Kouy-Yang-Fou, formaient notre escorte. Nous en fîmes embarquer la moitié avec un des mandarins pour la garde des bateaux et le reste nous suivit.

Pendant que nous prenions ces dispositions sur la grève, nous pûmes à notre tour satisfaire à notre aise notre curiosité en assistant au défilé de la population, qui venait des environs prendre part au marché. Les hommes, généralement de taille moyenne, portaient un vêtement peu différent de celui des Chinois, mais toujours de couleurs uniformément sombres, gros bleu, presque noir. Ils avaient tous les cheveux coupés courts et la tête serrée dans un turban en madras quadrillé noir et blanc. Les femmes avaient les cheveux relevés et fixés sur le haut de la tête, et un peu sur le côté avec des peignes et des épingles d'argent. Elles portaient de grands colliers à perles d'argent sur le col nu et dégagé, une petite casaque boutonnée sur le côté, des jupes courtes noires et toutes plissées, des jambières d'étoffes noires et des espadrilles. Brunes, quelquefois châtain, les traits peu réguliers, mais les yeux droits de même que le nez, le teint blanc mat, elles ne sont pas jolies et pourtant elles pourraient concourir avantageusement avec les Chinoises.

Le Tao-Taï avait raison lorsqu'il nous prévint que le chemin que nous allions prendre n'était fait que pour les piétons. Sans cesse en corniche sur des pentes très raides, ou longeant la rivière sur les gros galets de la grève, ou sur les rochers érodés par les eaux à l'époque des crues, nous fûmes obligés de faire la plus grande partie des étapes à pied.

Cela me rappelait un peu mes difficultés sur les bords du fleuve Bleu ; mais les rives du Kou-Tchéou-Ho devenaient si jolies à mesure que nous pénétrions davantage dans les pays indigènes, que nous ne sentions pas les fatigues de la marche. La brousse chinoise était ici remplacée par de belles et grandes futaies qui grimpaient fièrement le long des pentes et inclinaient leurs rameaux touffus sur les eaux rapides de la rivière. De temps en temps, quelques rochers parsemés de buissons aux teintes variées faisaient saillie dans la verdure, puis de grands villages bâtis sur pilotis, et tout en bois, se montraient pittoresquement accrochés aux flancs des montagnes. Plus loin c'étaient des champs pleins de promesses et dans cette campagne si variée les indigènes vaquaient à leurs travaux, les femmes, libres de toutes entraves, allaient et venaient sans être obligées de marcher sur leurs talons comme les Chinoises.

Le 20 mars nous passions devant Ping-Mei-Hien, petit chef-lieu d'un district situé sur la rive droite. Le mandarin vint nous saluer et, le soir de ce jour nous couchions à Ping-Mei, grand village situé à quelques kilomètres de la frontière du Kouang-Si. Là nos barques furent attaquées de nuit par des malfaiteurs. Ils coupèrent les amarres, espérant recueillir les épaves sur des récifs situés en aval. Les gardiens réveillés en sursaut, parvinrent à ramener deux embarcations, mais la troisième s'échoua sur un récif. Les hommes qui la montaient appelèrent au secours, et notre garde personnelle arriva heureusement à temps pour sauver les hommes et ramener nos bagages.

Les étapes du 23 et 24 furent extrêmement fatigantes, dans des chemins détestables et sous un soleil accablant. Les chevaux eurent toutes les peines du monde à nous suivre, tombèrent quelquefois dans les précipices, de sorte que nous résolûmes de faire séjour à Leang-Kéou, grand village auquel ou nous avait dit qu'à cette époque de l'année les grandes jonques pouvaient remonter.

Nous y arrivâmes le 24, exténués de fatigue, à 10 heures du soir, fort heureux de trouver le logis préparé et le potage fumant, grâce à notre petite flotte qui était arrivée à 4 heures de l'après-midi. Nous eûmes aussi la satisfaction le lendemain matin de voir que ce qu'on nous avait dit était vrai. De grandes jonques de 6 à 8 tonnes se balançaient sur le rivage, et nous promettaient une charmante navigation pour achever notre descente le long de la jolie vallée du Kou-Tchéou-Ho.

Notre petit mandarin, qui connaissait la langue du pays, se prêta à notre désir; il s'aboucha avec les indigènes, et, grâce à son concours, pour une somme relativement peu élevée, 20 taëls (75 francs), il nous fut facile de trouver trois jonques.

Le reste de la journée fut employé par nous à parcourir le village. Léang-Kéou est un village particulièrement intéressant, de 1 000 à 1 200 habitants. Ses maisons, échelonnées sur les pentes d'une croupe entre la rivière et un petit ruisseau assez encaissé, forment un ensemble curieux d'habitations en bois. Les rues, assez enchevêtrées, il est vrai, sont pavées de petits galets ronds et bombées en leur milieu pour permettre l'écoulement des eaux. Elles se prolongeaient ensuite dans la campagne avec un même entretien. Nous avions d'ailleurs constaté ce soin particulier des avenues à l'approche des villages Miao-Tse, grâce à cette prévoyance ils sont infiniment plus propres que les villages chinois. Le chemin qui nous avait amené jusque-là était la route militaire chinoise, et par cela même complètement délaissé des Miao-Tse, mais ceux de l'intérieur du pays indigène sont entretenus et beaucoup plus faciles que partout ailleurs en Chine.

Enfin, le lendemain, 25 mars, nous nous embarquions et nous voguions paresseusement. La journée était délicieuse, une jolie brise, nous permit de déployer les voiles et, dès lors, nous fûmes poussés par le vent et le courant qui, en certains endroits, se transforme en violents rapides. Nous descendions entre des rives tantôt basses, tantôt escarpées, la nature avait pris sa parure de printemps, les grands arbres balançaient leurs branches et de nombreux bouquets d'azalées tout en fleurs piquaient comme des aigrettes le paysage de couleurs éclatantes.

MONTAGNES DU KOUANG-SI. — DESSIN DE TAYLOR.

Après deux lieues et demie d'une semblable descente, nous nous trouvâmes en face du confluent d'une large rivière, le Suin-Kiang, qui prend sa source dans le Hou-Nan et est navigable pendant vingt-cinq lieues environ.

L'embouchure de cette rivière est à peu près sur la limite du territoire Miao-Tse ; aussi toutes les rives sont-elles ici encombrées de vastes entrepôts de grands bois de charpente. Les Miao-Tse arrêtent là leurs radeaux et les vendent à des marchands chinois. Jamais ils ne vont au delà. A partir de ce confluent, le Kou-Tchéou-Ho prend les proportions d'une grande rivière. Il se dirige dans le Sud, laissant sur sa droite de grandes hauteurs qui limitent le territoire Miao-Tse et coule dans une large vallée très fertile, dont la population est toute chinoise. Au centre de ce riche pays se trouve Hoai-Yuen-Hien, sous-préfecture située dans une île de la rivière.

Le Hien nous fit installer dans la pagode du génie de la guerre, et vint nous voir en grand équipage. C'était un petit bonhomme tout rond, avec des petits yeux agités. Un grand mandarin militaire vint ensuite, puis des petits. Enfin, tout ce monde s'en alla et nous laissa la paix.

Le lendemain, nous reprenions notre navigation et nous arrivions le soir à Tchang-Gan, gros bourg habité par des commerçants. C'est le port où s'arrêtent pendant la saison sèche les grandes jonques qui vont jusqu'à Canton. Il est en relation avec toute la région Miao-Tse par le haut cours de la rivière, avec Kouei-Lin, par la route directe que nous allions suivre et le Nord-Est du Kouang-Si par Yong-Hien, Tien-Ho-Hien, Ho-Tché-Tchéou,

et le haut cours du Hong-Choui-Ho. Enfin dans le Sud, le Kou-Tchéou-Ho le met en communication avec Liou-Tchéou, Nan-Ning-Fou, et plus bas avec le port de Pa-Koï. Mais le Kouang-Si est un pays pauvre, le commerce y est intercepté par des bandes de brigands, de sorte que Tchang-Gan n'a pas d'importance commerciale. En outre, le Kou-Tchéou-Ho n'est pas facilement navigable à cause de quelques rapides.

Le Kouang-Si est la province de la Chine la plus maltraitée par les brigands ; du côté de Tchang-Gan comme sur tout le reste de son territoire, le pays n'est pas sûr. Aussi le chef de village voulut-il nous accompagner, afin de s'assurer de l'exécution des ordres de son Hien pour notre protection.

Dès que nous eûmes quitté Tchang-Gan, le 27 mars, nous cheminions vers Kouei-Lin, en remontant le Houai-Yao-Ho, affluent du Kou-Tchéou-Ho. Puis nous entrâmes dans une région de massifs montagneux peu élevés, couverts de pitons extraordinaires, qui séparent le bassin du Kou-Tchéou-Ho de celui du Gni-Ling-Ho, grande rivière qui vient du Nord et qui se jette dans le Kou-Tchéou-Ho au Sud-Est de Liou-Tchéou.

Dans cette région accidentée, la population est très variée. Elle se compose surtout de Ma-Kaï et de

Tong-Kia. D'après leur tradition, ces tribus seraient originaires du Fou-Kien et du Nord de Canton. Hommes et femmes portent des vêtements en cotonnade gros bleu, et les femmes n'ont pas les pieds mutilés. Dans chaque localité est organisée une espèce de garde nationale armée de lances et d'étendards bleus.

Les cultures sont belles, les sommets boisés, et les flancs des collines garnis de plantations en quinconces, de petits arbustes, appelés Icou-Tcha-Chou, qui ressemblent à ceux du thé et dont la graine sert à fabriquer de l'huile. Partout la brousse est remplie d'azalées en fleurs sous des pins clairsemés.

Le 29 mars, nous arrivions à la ville murée de Young-Luig-Tchéou; cette ville, habitée par le mandarin chargé de la surveillance du district, est située dans une petite vallée, entourée de récifs extraordinaires, sur le bord d'une petite rivière que nous descendîmes et qui se jette dans le Gui-Ling-Ho, à Young-Fou-Hien.

Enfin, le 1ᵉʳ avril, nous entrions dans la plaine ondulée de Kouei-Lin-Fou, toute parsemée de gros villages tantôt Tong-Kia, tantôt chinois. Le 2 avril au soir, nous faisions notre entrée dans la capitale du Kouang-Si. Kouei-Lin-Fou, située à 200 mètres seulement d'altitude, déploie ses différents quartiers au milieu d'un cirque d'une lieue et demie de diamètre, qui se prolonge ensuite au travers d'une série de massifs madréporiques formant le plus singulier ensemble. Complètement dépouillés de terre végétale, ces récifs isolés forment tout l'horizon, tant leur nombre est grand. Tantôt droits sur leurs bases, tantôt penchés comme la tour de Pise, tous sont creusés de cavernes profondes, à tel point que plusieurs sont percés à jour. Quant à la rivière, large de plus de 100 mètres, elle serpente doucement, sans courant apparent, et se dirige dans le Sud, au milieu des rizières, se détournant à l'approche des récifs. L'enceinte de Kouei-Lin-Fou, d'une lieue de long, a la forme d'un quadrilatère orienté Nord-Sud. Les beaux quartiers se développent en terrain plat dans la partie Sud, tandis que la partie septentrionale est occupée par une pyramide rocheuse surmontée d'une pagode qui domine la ville comme un belvédère. Aux pieds de ce récif s'étend un vaste établissement couvert, qu'en tout autre pays on prendrait pour une usine et qui, ici, est destiné aux concours littéraires des aspirants aux grades universitaires. De grands magasins d'horlogerie, de pelleteries, de soieries, de photographies, ornent les principales rues de la ville de leurs larges devantures, et révèlent la pénétration du commerce étranger. Kouei-Lin-Fou a une apparence plus prospère et plus commerciale que Yun-Nan-Sen. Sa population doit aussi être plus considérable et peut être évaluée à 100 000 habitants.

Le 3 avril, nous allâmes déposer nos cartes chez les principaux mandarins de la ville. Pendant cette longue tournée, l'attitude de la population, visiblement peu sympathique, sut pourtant se contenir devant les yamens des trois principaux mandarins, mais lorsque nous fûmes arrivés devant celui du Fou, des clameurs et des injures s'élevèrent autour de nous, et une bataille s'engagea entre nos satellites et la foule.

Peu satisfaits d'un pareil affront, nous allions envoyer nos plaintes, lorsque le Fou vint lui-même, quelques instants après, nous apporter ses excuses. Le Fou-Taï vint ensuite déposer sa carte et nous avertir qu'il désirait nous recevoir le 7. Tout s'étant donc bien terminé, nous télégraphiâmes au consul de France à Long-Tchéou pour lui annoncer notre arrivée probable sur les limites du Tonkin vers le 15 mai.

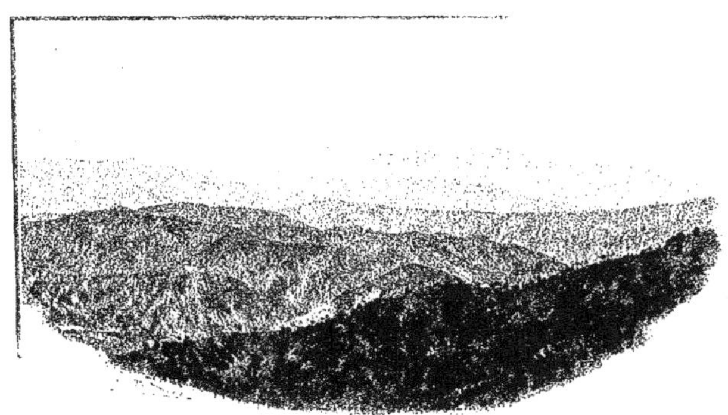

PAYS MIAO-TSE À PING-MEI. — DESSIN DE BOUDIER.

TRAVERSÉE A GUÉ D'UNE RIVIÈRE PENDANT UNE SAISON SÈCHE. — DESSIN DE GOTORBE.

CHAPITRE VI
De Kouei-Lin-Fou au Tonkin

Kouei-Lin-Fou. - Relations commerciales de la ville. - Influence du port de Pa-Hoï. - Canal reliant le bassin du fleuve Bleu à celui du Si-Kiang. - Visite aux trois principaux mandarins du Kouang-Si. - Le Yung-Hien. - Explication avec le Hien de cette ville. - Liou-Tchéou-Fou, son commerce. - Le Kouang-Si livré à la piraterie. - Armement des troupes chinoises. - Camp d'instruction de Ou-Song. - Désertions dans notre escorte. - Han-Hing-Fou, son commerce. - Le chemin de fer français du Kouang-Si. - Le Tao-Taï de Han-Hing-Fou et le Tao-Taï-Tchéou, leur visite. - Les jonques sur le Sing-Kiang. - Long-Tchéou. - Le camp du maréchal Son. - Arrivée à Hanoï.

PAGODE PRÈS LE CHA-POU.
D'APRÈS UNE PHOTOGRAPHIE.

Notre intention était de ne rester à Kouei-Lin-Fou que le temps strictement nécessaire pour faire, dans l'organisation de la caravane, les changements qu'exige le mode de voyager au Kouang-Si, et recueillir les renseignements utiles à la mission. Il importait de nous hâter, afin d'atteindre Lang-Son avant le commencement des fortes chaleurs qui deviennent de suite excessives vers le milieu de mai.

Les relations commerciales de Kouei-Lin se font à peu près toutes avec Canton par le Kouei-Kiang qui se jette dans le Si-Kiang sur la frontière Est du Kouang-Si, à Ou-Tchéou-Fou. Cette dernière ville est la seule réellement importante du Kouang-Si, parce qu'elle concentre tout le négoce de cette province, par le fait de la convergence des affluents du Si-Kiang vers son port. Les bateaux à vapeur d'une compagnie anglaise de navigation remontent les 280 kilomètres qui séparent Canton d'Ou-Tchéou-Fou. Le cours du Si-Kiang n'offre jusque-là aucune difficulté; les bateaux mettent deux jours et demi pour faire ce trajet en montée et deux jours en descente.

Le coût du transport sur ces bateaux est : pour la montée, de 3 taëls (11 fr. 25) par 1 000 livres chinoises (la livre chinoise est de 0 kilog. 600), et de 2 taëls 50 (9 fr. 38) pour le même poids en descente [1].

Les marchandises pour Kouei-Lin sont alors embarquées sur des jonques dont la charge n'excède pas 4 000 livres chinoises (environ 2 tonnes et demie). Le tarif de ces jonques est de 4 taëls par 1 000 livres chinoises pour la montée (14 francs) et de 2 taëls 50 (9 fr. 38) pour la descente.

Les jonques mettent 15 jours et plus pour aller d'Ou-Tchéou-Fou à Kouei-Lin, et un peu plus de 8 jours en sens inverse. La distance est d'environ 250 kilomètres, et des rapides nombreux rendent la navigation difficile.

D'après les renseignements qui nous furent donnés de côtés différents, la plupart des jonques du Kouei-Kiang ne seraient pas d'un tonnage supérieur à 1 600 livres chinoises (environ une tonne) et on estime à 4 000 le chiffre des arrivages de ce genre à Kouei-Lin, dans le cours d'une année. Ce qui porte le total du trafic de Kouei-Lin par le Kouei-Kiang à 4 000 tonnes, et le prix du transport d'une tonne de Canton à Kouei-Lin à 42 fr. 06 pour remonter et 31 fr. 15 pour redescendre.

Cependant, il est à remarquer que le petit port de Pa-Koï, situé au Sud-Ouest du Kouang-Tong, dans le golfe du Tonkin, fait, depuis qu'il est ouvert au commerce étranger, une sérieuse concurrence à Canton, dans tout le Kouang-Si et même à Kouei-Lin, notamment pour les pétroles.

Les pétroles russes venant de Pa-Koï arrivent à Kouei-Lin à meilleur marché que les américains, qui commencent à être délaissés. Cette influence se fait également sentir à Liou-Tchéou, et à plus forte raison dans l'Ouest de la province.

Les importations à Kouei-Lin consistent en lainages, filés coton, en cotonnades étrangères, en pétrole, articles de quincaillerie, et horlogerie. Les piastres mexicaines ont cours à Kouei-Lin, comme d'ailleurs dans tout le Kouang-Si. Les exportations en riz, en fèves, tabac, colza, huile de thé, papier et sucre chinois, quelques bois des montagnes indigènes du Nord de la province.

La rivière de Kouei-Lin-Fou continue à être navigable en amont de la ville, mais elle n'est accessible qu'aux petites jonques, d'un tonnage de mille livres chinoises. En outre, son cours est obstrué par de nombreux rapides. Malgré ces graves inconvénients, un faible commerce utilise cette voie. On arrive ainsi à 60 kilomètres environ de Kouei-Lin et à Chin-Ngan-Hien. Là un canal, fait de main d'hommes, relie le Kouei-Kiang au Siang-Kiang, un des principaux affluents du lac Toung-Ting, dans le Hou-Nan, et fait ainsi communiquer, par une voie entièrement fluviale, Canton avec Han-Koou. Malheureusement, le Siang-Kiang est aussi d'une navigation difficile et, généralement, le canal manque d'eau pendant la saison sèche. Cette voie n'a donc qu'une importance très secondaire.

Il n'y a presque aucune circulation sur les routes du Kouang-Si ; cela vient de ce que le pays n'est pas sûr, même aux environs de Kouei-Lin-Fou. Des bandes de pirates tiennent la campagne et dépouillent les colporteurs qui osent s'y aventurer. Ces bandes, ramassis de brigands de toutes sortes, ou de soldats licenciés, sont quelquefois fort nombreuses, elles se tiennent le plus souvent dans les massifs rocheux, où elles trouvent facilement de vastes casernes qui leur servent d'abri contre les poursuites dirigées contre elles. Leur existence se passe à piller les villages, à terroriser les campagnes, et souvent à forcer les habitants à faire cause commune avec elles. En sorte que, dans le Sud et l'Ouest du Kouang-Si, la population est presque nulle en dehors des villes et les neuf dixièmes des terres restent sans culture. Chose curieuse, les territoires occupés par les races aborigènes au Nord du Kouang-Si font exception, grâce à l'organisation d'une milice dans chaque village et à la résistance énergique qu'elles opposent aux pillards.

La circulation sur les rivières n'est pas non plus à l'abri de tout danger. Les pirates ont leurs bateaux aussi bien que les marchands, de

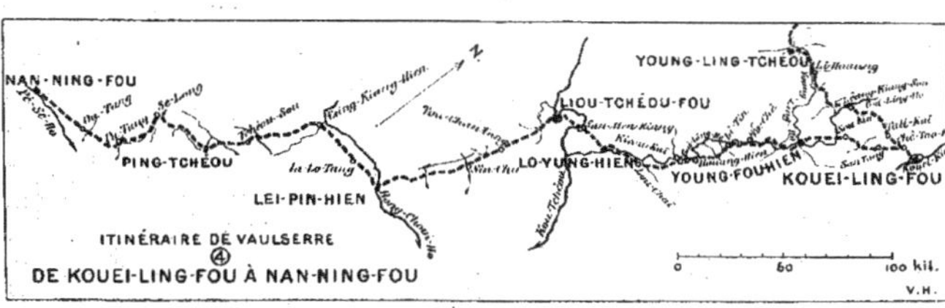

RÉGION DE KOUEI-LING-FOU À NAN-NING-FOU.

sorte qu'ils leur donnent la chasse toutes les fois qu'ils en trouvent l'occasion. Toutefois, quelques postes distribués le long des rives donnent une sécurité relative.

---

1. Les frais de transport à dos d'hommes s'élèvent en moyenne à 0 fr. 50 par kilomètre et par tonne. Par jonque, ces mêmes frais tombent à 0 fr. 20. C'est pour cette raison que les Chinois utilisent toutes les voies d'eau, dès qu'elles sont susceptibles de faire flotter une barque.

LE GNI-LING-HO PRÈS DE LO-YUNG-HIEN (PAGE 64). — DESSIN DE BOUDIER.

La piraterie qui a succédé aux massacres de la dernière guerre s'est encore augmentée des débris de l'armée chinoise dissoute après la guerre du Tonkin, et des Pavillons Noirs que nous sommes parvenus à expulser de notre territoire : c'est la plaie du Kouang-Si.

Obligés de traverser le Kouang-Si justement dans les régions les plus exposées au pillage, il était important de nous entendre avec les mandarins et aussi de nous défaire de nos chevaux de bât qui devenaient pour nous une cause de très grand embarras.

Nous avions pensé, pour notre route de retour, à nous embarquer à Young-Fou-Hien sur le Gni-Ling-Ho, où nous étions assurés de trouver des jonques de dimensions suffisantes. Nous aurions descendu la rivière jusqu'à son confluent dans le Hong-Choui-Ho et remonté ce fleuve jusqu'à Tsin-Kiang-Hien, où nous aurions pris une voie de terre qui nous aurait conduit à Nan-Ning-Fou.

Mais nous nous décidâmes, sur le conseil des mandarins, à suivre la route de terre, passant par Liou-Tchéou-Fou et Ping-Tchéou, celle-là même qu'ils prennent eux-mêmes pour leurs tournées officielles, lorsqu'ils se dirigent dans le Sud-Ouest. Cette route nous imposait dix-huit à vingt jours de marche, mais elle nous offrait cet avantage sérieux de partir parfaitement organisés.

Le 7 avril, nous nous rendions en pompeux équipage et avec le cérémonial ordinaire, à l'invitation du gouverneur du Kouang-Si. Le gouverneur nous fit asseoir autour d'une table chargée d'un goûter au champagne, très artistement servi. Il parut satisfait de ce que nous lui dîmes, et, à la fin de l'entrevue il leva son verre et dit : « Les Français et les Chinois sont maintenant comme des frères. »

Notre réception modifia favorablement l'esprit de la population. Le lendemain, nous recevions un déluge de cartes de mandarins accompagnées de souhaits, et un petit mandarin, suivi de dix satellites du prétoire du Fou-Taï, vint se présenter à nous, et se mettre à notre disposition, avec mission de nous escorter jusqu'à Long-Tchéou. Enfin, le 9 avril, comme nous l'avions décidé, nous sortions de Kouei-Lin-Fou par la porte du Sud, et nous prenions la direction du Tonkin.

A la suite des modifications apportées dans la caravane, celle-ci ne se composait plus que de Joseph, nos deux domestiques, du cuisinier et de quatre ma-fous. Nous suivîmes pendant trois lieues environ la route que nous avions prise pour arriver à Kouei-Lin-Fou, puis nous la laissâmes sur notre droite, et le lendemain nous traversions le Gni-Lin-Ho pour suivre sa rive droite que nous longions jusqu'à Young-Fou-Hien, sous-préfecture coquettement assise sur un contrefort boisé, au confluent du Youn-Ling-Ho, dont nous avions descendu le cours quelques jours auparavant, que nous eûmes, le lendemain, à franchir une dernière fois.

Dès lors, tantôt sur la rive droite, tantôt sur la rive gauche, nous traversâmes des contrées quelquefois accidentées, ailleurs légèrement vallonnées, ici stériles, là très bien cultivées, suivant les localités. C'est dans une de ces situations favorisées que se trouve, à une trentaine de lieues de Kouei-Lin-Fou, sur le bord du Gni-Ling-Ho, le grand marché de Lou-Chaï, situé au milieu de belles cultures de cannes à sucre, de colza, de rizières, de blé noir, de seigle, de froment et de maïs ; il compte 7 000 à 8 000 habitants. Des bateaux en assez grand nombre, d'une à deux tonnes, étaient rangés le long du rivage. Nous vîmes de nombreuses boutiques d'horlogerie, de lampes à pétrole, d'étoffes de coton ; il semble que ce marché bénéficie, pendant la saison sèche, de l'arrêt forcé, dans son port, des jonques qui remontent la rivière.

Ce bourg possède aussi un Mont-de-Piété considérable. C'est un établissement dans lequel les Chinois vont mettre en dépôt pendant la saison d'été leurs fourrures, leurs vêtements d'hiver, leurs objets de prix, et empruntent sur leurs valeurs. Ces objets sont alors plus ou moins désinfectés et lavés par le personnel de l'établissement, et vendus aux amateurs ou repris par leurs anciens possesseurs. Il y a des Monts-de-Piété dans toutes les grandes villes, mais c'est le seul que j'aie rencontré en pleine campagne, dans un bourg.

Le 13 avril, nous étions à Lo-Yung-Hien, sous-préfecture bien petite et bien misérable, sur la rive droite du Gni-Ling-Ho, dans un pays vallonné, entièrement livré à la brousse faute de culture. Nous nous y reposions dans un fort joli yamen, tout nouvellement construit, destiné au logis du Mandarin Examinateur provincial, lorsqu'on nous annonça la visite du sous-préfet.

Il nous dit qu'il n'y avait que quarante-huit heures qu'il avait pris possession de son gouvernement, qu'il arrivait directement de Pékin où il avait reçu les sceaux et les instructions de la Cour ; qu'en passant à Kouei-Lin-Fou il avait beaucoup entendu parler de nous, et qu'il venait à son tour s'informer de la santé des grands voyageurs français. Puis, il nous demanda brusquement si nous avions été envoyés dans les provinces méridionales de la Chine avec le consentement de l'Empereur ou par l'Impératrice Régente. Nous lui répondîmes affirmativement.

A partir de Lo-Yung-Hien, le pays change totalement d'aspect. De cultures, il n'en est plus question, si ce n'est aux abords immédiats de quelques misérables villages. Ce n'est plus qu'un désert couvert de brousse d'où surgissent de ci de là les récifs rocheux remplis de cavités profondes. C'est ici que les bandes de pirates commencent leurs exploits. Bientôt nous nous écartâmes du Gni-Ling-Ho, nous traversâmes un plateau

complètement nu, dans les ondulations duquel le Kou-Tchéou-Ho, que nous avions si longtemps descendu dans la région des Miao-Tsé, forme de vastes boucles, comme la Seine aux environs de Paris, et le 14, dans l'après-midi, nous entrions dans Liou-Tchéou-Fou.

C'est la quatrième ville du Kouang-Si par son commerce. Les trois premières sont Kouei-Lin-Fou, ou Tchéou-Fou et Shiun-Tchéou-Fou.

Liou-Tchéou-Fou est située à l'extrémité Est d'une boucle du Kou-Tchéou-Ho, de sorte qu'elle est entourée sur ses trois faces par la ri-

VILLAGE EN RUINES DU KOUANG-SI. — DESSIN DE GOTORBE.

vière, qui, devenue très importante après le confluent de celle qui vient de King-Yuen-Fou, atteint la largeur de 300 mètres. La ville ne tient à la campagne que par une mince langue de terre formant presqu'île. La population ne dépasse pas 35 000 habitants. De nombreuses jonques sont accostées le long de ses faubourgs. Les plus grandes sont d'un tonnage de 30 tonnes.

VUE DE KIN-KIANG PRÈS DE MA-CHANG. — DESSIN DE BOUDIER.

Liou-Tchéou-Fou reçoit beaucoup de cotonnades étrangères, qui sont ensuite expédiées en partie vers les régions indigènes, et des pétroles russes pour son usage. Elle exporte une grande quantité de bois qui, par la rivière, descend des pays Miao-Tse, et de l'huile de thé. Non seulement ses environs sont complètement déserts et dénués de toutes ressources, mais les champs mêmes qui touchent ses murailles ne produisent que de la brousse. C'est d'ailleurs le seul combustible dont on se serve dans toute cette région dévastée.

Liou-Tchéou-Fou ne peut donc trouver ses approvisionnements que fort loin, et c'est par les barques qu'ils arrivent. La rivière n'a, d'ailleurs, presque pas de courant entre les quelques rapides qui se présentent à des distances assez éloignées les uns des autres, et donne ainsi de grandes facilités à la batellerie.

Ce ne fut pas sans quelques difficultés que nous parvînmes à sortir de Liou-Tchéou-Fou, le 15 avril. Nos coolies qui avaient déjà montré à maintes reprises leur mauvais vouloir, voulaient s'y arrêter quarante-huit heures, de sorte qu'au moment du départ, il en manquait huit, et les autres ne voulaient pas aller plus loin. Il fallut que le petit mandarin de Kouei-Lin-Fou s'en mêlât. Il enrôla de nouveaux porteurs et, pour les autres, il dut employer des arguments frappants pour se faire obéir. Nous avions un renfort de 60 soldats armés de fusils nouveau modèle, et un petit chef envoyé par le Fou pour nous soutenir et nous suivre jusqu'à Nan-Ning-Fou.

Nous mîmes trois jours pour traverser les plaines qui séparent le Kou-Tchéou-Ho du Hong-Choui-Ho. Sans cesse cheminant le long d'une piste à peine frayée par les traces des chars à deux roues dont font usage les rares habitants de ce pays, nous passions dans la brousse, entre des récifs rocheux disséminés dans des vallonnements absolument déserts. Le soir, nous couchions dans des villages où il ne restait que quatre ou cinq maisons debout, dans lesquelles nous nous barricadions à l'exemple de notre escorte. De temps en temps, on voyait des bandits à l'entrée de leurs cavernes.

A mi-chemin dans ce désert, nous fûmes renforcés de 60 nouveaux soldats qui nous attendaient, et qui, le lendemain, nous suivirent. Malgré cette escorte qui transformait notre caravane en marche militaire, les brigands vinrent en nombre pendant une nuit dévaster et piller une maison à un kilomètre seulement de notre gîte d'étape.

Au Kouang-Si, tous les soldats appartenant aux troupes chinoises sont armés de fusils ; tantôt ce sont des fusils à piston, fabriqués dans les arsenaux chinois de l'intérieur, tel que celui de Yun-Nan-Sen, tantôt ce sont des armes de modèle récent. J'ai vu beaucoup de fusils transformés, et des winchesters. Au Yun-Nan, l'armement des troupes est plus défectueux, surtout dans le Nord de la province. Dans chaque unité, une fraction seulement est armée de fusils à piston ; le reste est muni de lances. Cependant les troupes que nous avons rencontrées vers Lo-Ping-Tchéou, qui étaient opposées aux rebelles sur les frontières du Kouei-Tchéou, du Kouang-Si et du Yun-Nan, étaient entièrement armées de fusils à piston. Au Sé-Tchouen, l'armement se compose de quelques fusils, de lances et d'arcs. J'ai vu quelques winchesters parmi les gardes des petits princes Lolos, au Léang-Chau, et des fusils à mèche parmi le peuple. Enfin, aux environs de Changhaï, la troupe possède des fusils de modèle récent, se chargeant par la culasse.

En général, le soldat chinois tire très mal ; il entretient fort mal son fusil. Beaucoup, parmi ceux de notre escorte, ne pouvaient pas fonctionner par suite de rouille, d'encrassement ou de coincement. Chaque soldat porte 30 à 36 cartouches dans une ceinture.

A Ou-Song, petite ville située en face de l'embouchure du Wampoo, près de Changhaï, existe un camp d'instruction, dirigé par un capitaine allemand, M. de Nayhauss von Söst. J'ai vu là un régiment chinois école, vêtu à l'européenne, armé d'excellents fusils, et chaussé de grandes bottes. Il a manœuvré devant moi pendant plusieurs heures avec une précision remarquable. Les évolutions étaient promptes et rapides, se faisaient sans bruit et dans un ordre parfait. De loin, on aurait dit un régiment prussien, tant il y avait de rectitude et de méthode dans tous les mouvements. Comme je faisais compliment au capitaine, M. de Nayhauss, il me répondit qu'en effet il obtenait des résultats excellents, mais en pure perte, attendu que dès leur arrivée dans les régiments chinois, les sujets ainsi formés recevaient de leurs colonels l'ordre d'oublier ce qu'ils avaient appris.

Ce n'est pas parce que les chefs de corps méconnaissent la supériorité de l'organisation et des manœuvres étrangères qu'ils se refusent à les introduire, mais bien par paresse d'apprendre et d'enseigner à leurs subalternes une ordonnance nouvelle, et aussi parce que l'administration et la comptabilité qu'il faudrait adopter les gênent et révéleraient par trop leurs concussions et leurs rapines.

Le 18 avril, nous arrivions à Lei-Pin-Hien, petite sous-préfecture, située sur la rive gauche du Hong-Choui-Ho, de 1 500 à 2 000 habitants. Quelques rares jonques de trois à quatre tonnes étaient immobiles près du rivage. Le lendemain 19, nous passions sur la rive droite du Hong-Choui-Ho, et nous remontâmes le fleuve. Sur le soir, nous rencontrâmes un groupe de soldats par lesquels nous apprîmes que les pirates, rassemblés dans la région du Pé-Sé, s'étaient emparés de la petite sous-préfecture de Si-Lin-Hien ; que d'autres, en grand nombre, s'avançaient sur Nan-Ning-Fou et qu'ils

HABITANTS DU KOUANG-SI. — DESSIN D'OULEVAY.

n'étaient plus qu'à quelques journées de cette ville ; qu'enfin, pour enrayer ce mouvement insurrectionnel, qui menaçait de s'étendre, le maréchal Son venait de détacher des troupes de ce côté.

A cette nouvelle, plusieurs soldats de l'escorte cherchèrent à s'évader dans l'intention de rejoindre les

EXERCICES DES SOLDATS CHINOIS AU CAMP D'OU SONG. — DESSIN DE MASSIAS.

rebelles avec leurs armes. Le chef de l'escorte dut se mettre à la poursuite des fuyards et parvint à en rattraper quelques-uns. Aussitôt qu'ils furent ligottés, le chef réunit l'escorte, fit venir les prisonniers et leur fit appliquer séance tenante trois cents coups de bâton. Puis, après les avoir désarmés, il les renvoya de l'escorte sans autre forme de procès.

Le même jour, nous rencontrâmes une centaine de soldats conduisant à Kouei-Lin-Fou trois rebelles qui avaient été capturés. Enfin, vers le soir du 20 avril, nous atteignions Tsing-Kiang-Hien, nouvelle petite sous-préfecture sur le bord du Hong-Choui-Ho, au-dessus d'un assez fort rapide qui obstrue le fleuve.

Il ne nous restait plus qu'à traverser la région étendue qui sépare le Hong-Choui-Ho du Sing-Kiang, bras méridional du fleuve de Canton, pour atteindre Nan-Ning-Fou. Nous mîmes sept jours pour faire cette traversée et nous entrions dans la ville le 29 avril.

Ce fut avec un véritable plaisir que nous nous donnâmes quelques jours de repos dans cette ville. La chaleur était devenue si accablante pendant les dernières marches que nous en étions tous très éprouvés. Fort heureusement, le Fou de Nan-Ning nous logea dans la plus belle pagode de la ville, sous des ombrages magnifiques qui y maintenaient une fraîcheur agréable. Nos chambres, situées au premier, donnaient sur un vaste hall dans lequel l'air circulait librement.

Nan-Ning passe pour être la cinquième ville du Kouang-Si. Mais ce rang n'indique pas grand'chose. L'ensemble de ses quartiers paraît bien misérable ; on n'y rencontre pas de magasins aux belles devantures comme à Kouei-Lin-Fou ou même à Liou-Tchéou-Fou. Aucun article étranger n'indique la pénétration du commerce international. N'était la présence de quelques grandes jonques sur le fleuve, et l'agitation de quelques mariniers, la ville paraîtrait absolument morte. Il est probable que Nan-Ning-Fou, qui a environ 24 000 habitants, a été beaucoup plus prospère avant l'insurrection des Taï-Pings.

Étant donné l'état de dévastation générale de ces contrées, nous aurions été bien surpris de trouver dans Nan-Ning-Fou une prospérité qui n'existe nulle part. Mais nous pensions que le voisinage de Pak-Hoï y faisait sentir son influence plus réellement et nous supposions trouver dans le port une plus grande circulation. Si l'on compare la circulation de Nan-Ning-Fou à celle qui règne, non pas dans le cours moyen du fleuve Bleu, mais à celle des ports de Soui-Fou et de Lou-Tchéou, dans le Sé-Tchouen, qui touchent presque à la limite de la navigation du Haut Yang-Tso, on est péniblement impressionné. Là les jonques de 50 à 80 tonnes se pressent les unes contre les autres.

Chacun sait que la rivière de Canton est la réunion de deux très puissantes rivières, le Pé-Kiang, ou rivière du Nord et le Si-Kiang, rivière de l'Ouest. Le Si-Kiang est celle dont nous avions croisé la plupart des affluents entre Yun-Nan-Sen et Gan-Chonen-Fou dans le Kouei-Tchéou, entre Tou-Yun-Fou et Kouei-Lin-Fou, et entre cette dernière ville et Nan-Ning. Le Si-Kiang est lui-même formé de deux bras. L'un qui vient du Nord-Ouest, connu sous le nom de Hong-Choui-Ho, prend sa source au Sud-Est de Yun-Nan-Sen, où il porte le nom de Pa-Ta-Ho. Il passe ensuite au Sud de Hing-Y-Fou, devient alors navigable, mais il n'acquiert une réelle importance que lorsqu'il a reçu le Kou-Tchéou-Ho. C'est incontestablement la branche maîtresse du Si-Kiang, d'abord par

DÉSERT DU KOUANG-SI ENTRE LIOU-TCHÉOU-FOU ET LEI-PIN-HIEN (PAGE 65). — DESSIN DE BOUDIER.

l'étendue de son cours et ensuite par son volume d'eau. Le deuxième bras, plus méridional, est appelé, d'après Bourne, le Yu-Kiang, et le Sing-Kiang d'après la carte du capitaine Friquegnon. Il prend sa source principale au Nord-Ouest de Pé-Sé, près de Kouang-Nan, dans le Yun-Nan.

Le cours du Sing-Kiang est inférieur à celui de Hong-Choui-Ho et son volume d'eau plus faible ; mais sa pente maintenue presque constamment régulière dans des plaines très basses, rend la navigation facile jusqu'à Pé-Sé, c'est-à-dire sur presque tout son parcours. Pé-Sé est à plus de 1 100 kilomètres de Canton, tandis que le Hong-Choui-Ho, bien que navigable encore en amont du confluent du Kou-Tchéou-Ho, oppose des difficultés très grandes à la batellerie par ses rapides et son courant. Il circule dans une région aussi déserte, et aussi infestée de pirates que le Sing-Kiang.

Les plus grandes jonques jaugent 30 tonnes, mais la moyenne ne dépasse pas 10 à 15 tonnes. Il passe 4 000 jonques, par an, à Nan-Ning. La plupart s'en vont au delà ; les unes, et c'est le plus grand nombre, se dirigent sur Pé-Sé, nœud des routes du Yun-Nan et du Kouei-Tchéou occidental, les autres prennent la direction de Long-Tchéou.

Il est question en ce moment de prolonger la ligne fluviale de la Société Anglaise de Navigation sur le Si-Kiang jusqu'à Nan-Ning-Fou. L'exécution de ce projet sera très

LE FLEUVE DE CANTON DANS LE KOUANG-SI. — DESSIN DE BOUDIER.

profitable pour le pays en donnant aux transports la sécurité qu'ils n'ont pas entre Ou-Tchéou-Fou et Nan-Ning. Mais il est permis de douter des bénéfices de la Compagnie de Navigation pendant de longues années. Si elle parvient à un relèvement d'affaires à Nan-Ning-Fou sur Pé-Sé, elle aura aussitôt à lutter avec Pak-Hoï, dont la situation avantageuse détournera rapidement le mouvement du nouveau centre commercial. De plus, en aval de Nan-Ning, elle aura à se protéger contre la piraterie, et les rives du Sing-Kiang sont tellement appauvries, les villes qu'il arrose si peu importantes qu'il est difficile de trouver un côté heureux à cette entreprise.

Si c'est dans un but humanitaire que la Compagnie de Navigation veut tenter l'expérience, on ne peut qu'admirer son désintéressement.

D'une manière toute contraire doit être envisagé l'avenir du chemin de Hanoï à Lang-Son, lorsqu'il sera prolongé jusqu'à Nan-Ning-Fou.

Ainsi que je l'ai fait comprendre, le Kouang-Si occidental ne suffit pas à son alimentation. Des quantités considérables de riz et d'autres denrées y sont importées, provenant de Canton en grande partie et aussi des environs de Kouei-Lin-Fou. Le chemin de fer, en mettant le riche delta du fleuve Rouge en communication directe avec Nan-Ning bénéficiera immédiatement de ce trafic. En outre, devenant le point de départ du mouvement commercial de Nan-Ning sur Pé-Sé, il détournera vers nos ports tonkinois le commerce du Kouang-Si. La Chine et le Tonkin y trouveront avantage : l'une par l'introduction des produits qui lui manquent, l'autre par un débouché immédiat. Il est donc à souhaiter que cette ligne de pénétration soit achevée.

Le 28 avril, nous fîmes nos visites au Tao-Taï et au Hien de Nan-Ning.

Nous étions depuis vingt-quatre heures à Nan-Ning lorsque Joseph vint nous apporter les cartes d'un mandarin appelé Tchéou-Ta-Jen ayant rang de Tao-Taï, qui arrivait de Changhaï. Il nous fit dire qu'il avait quitté cette ville depuis quarante jours, qu'il allait à Long-Tchéou conférer avec Son-Kom-Pao [1] au sujet du chemin de fer de Kouang-Si et qu'apprenant notre présence à Nan-Ning, il serait heureux de nous voir. Nous lui fîmes répondre que nous l'invitions à venir le lendemain. La proposition fut acceptée ; seulement, il ajouta qu'il se présenterait en même temps que le Tao-Taï de Nan-Ning. Nous ne savions pas du tout qui ce nouvel arrivé pouvait être, et surtout nous ne nous doutions pas de ce qu'il pouvait avoir à nous dire.

Le lendemain, le Tao-Taï de Nan-Ning vint avec le Hien et un instant après apparut le Tao-Taï voyageur. Sitôt que les deux personnages furent en présence, ils s'aplatirent par terre l'un vis-à-vis de l'autre,

1. Son-Kom-Pao, maréchal Son, commandant des troupes chinoises sur les frontières du Tonkin.

touchant le sol de leurs fronts et se regardant du coin de l'œil, le sourire sur les lèvres. Enfin, ils se relevèrent, puis Tchéou-Ta-Jen nous ayant salué, nous priâmes nos trois invités de s'approcher de la table qui avait été très élégamment préparée par Joseph.

La conversation s'engagea sur un ton très courtois, mais nous ignorions encore quelle était la mission de Tchéou-Ta-Jen, lorsqu'il dit que, depuis vingt ans, il était chargé à Changhaï de la surveillance des négociants et du traitement des affaires commerciales avec les Consuls. C'était un petit bonhomme, tout gros, à figure replète, couverte de petites facettes mobiles, dans laquelle s'agitaient des petits yeux noirs très vifs, extraordinairement écartés du nez. Il nous dit qu'il s'occupait des mines d'or du Hou-Pé, que son gouvernement voulait les exploiter, mais que le peuple l'aime beaucoup dans ce pays-là et qu'il ne laisserait extraire les minerais que par Tchéou-Ta-Jen tout seul ; qu'il a obtenu la concession de ces gisements aurifères des propriétaires du sol ; qu'il a besoin seulement de quelques capitaux et qu'il espère les trouver chez les Français désireux de gagner de l'argent en Chine ; qu'en attendant, il va voir Son-Kom-Pao, parce qu'il est aussi chargé de s'occuper des chemins de fer de Kouang-Si ; qu'enfin il espère ensuite aller en France.

Il fut entendu avec le Tao-Taï de Nan-Ning qu'il nous aiderait à trouver une jonque pour aller jusqu'à Long-Tchéou et qu'il ferait escorter nos chevaux et nos ma-fous sur la route de terre.

Bien que le trajet de Nan-Ning à Long-Tchéou ne demande que huit jours par la route de terre, nous avions préféré la voie plus longue que le Sing-Kiang nous offrait.

Donc, le 30 avril, nous déménagions de notre belle pagode et nous nous embarquions sur une jolie jonque Le lendemain 1ᵉʳ mai, nous partons à l'aube du jour.

Au Kouang-Si, les jonques destinées aux mandarins sont moins vastes que celles du fleuve Bleu et sont disposées différemment. Leur tonnage est aussi plus faible ; la nôtre ne devait pas dépasser vingt tonnes. Le pont est entièrement occupé par une superstructure, à l'exception de l'avant sur lequel se tient constamment le chef batelier pour diriger la manœuvre et seconder l'action du gouvernail pendant le hâlage. La superstructure se divise en deux cabines : l'une, qui tient tout l'avant, est réservée aux nobles voyageurs. Elle était suffisante pour nos deux couchettes ; une petite table et deux pliants y trouvaient encore place, mais il était impossible de se tenir debout, et j'avoue que, la chaleur aidant, nous eûmes beaucoup à souffrir de cet inconvénient. Dans la cabine d'arrière sont aménagées les cuisines, le logement du personnel, celui du chef de bateau, et la petite passerelle du pilote. Deux chemins de hâlage bordent la jonque, et un grand mât permet de mettre à la voile. Il était surmonté d'un grand drapeau sur lequel le Hien de Nan-Ning-Fou avait fait inscrire de grands caractères annonçant aux populations et aux pirates que nous étions sous la protection des hauts mandarins du Kouang-Si. Enfin, sur la couverture des cabines, nos dix satellites avaient installé leurs nattes. Nous étions, en outre, escortés de trois canonnières montées par trente soldats.

MINE DE HOUILLE DU KOUANG-SI. — DESSIN DE GOTORBE.

Le 2 mai, vers le milieu du jour, nous quittions le Siang-Kiang et nous entrions dans la rivière de Long-Tchéou, qui a encore deux cents mètres de large, en moyenne. Pourtant, nous n'avancions guère ; beaucoup de petits rapides ralentissaient la marche, de sorte que nous ne faisions guère que 1 500 mètres à l'heure.

Le 8 mai, nous touchions à Lei-Ping-Fou préfecture sans importance commerciale. Le Ting, qui remplit en ce moment les fonctions de préfet, nous dit entre autres choses qu'il sera facile de trouver dans la région les journaliers nécessaires à la construction du chemin de fer, à raison de 20 suro (0 fr. 55), à condition que le soin de recruter les ouvriers soit laissé aux mandarins.

Les jours suivants, notre marche devint de plus en plus lente, grâce aux circuits de la rivière entre des

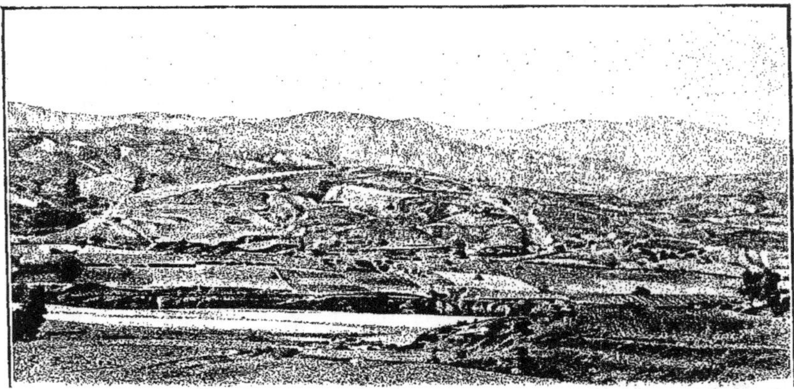

PAYSAGE DU KOUANG-SI. — DESSIN DE BOUDIER.

pitons et des récifs escarpés, tout remplis d'excavations profondes analogues à ceux qui marquent les plisse-
ments du terrain dans les contrées que nous avions traversées depuis le fleuve Bleu et Yun-Nan-Sen jusqu'à
Koui-Lin-Fou. Seulement ici ces hauteurs étaient revêtues d'un vaste manteau de verdure faisant ressortir les
rochers, tandis que les fonds étaient couverts d'arbres séculaires.

Enfin, le 14 mai, nous stoppions à neuf heures du matin devant Long-Tchéou-Tin, petite ville de 25 à
30 000 habitants, située à l'embouchure d'un affluent assez important descendant de Cao-Bang, sur un
plateau qui la met hors des atteintes des inondations subites causées par les deux rivières.

Elle est encore à soixante kilomètres de la frontière du Tonkin et est la résidence du consul de France,
dont le poste était alors occupé par M. Guillain. Elle est aussi le centre d'une douane chinoise frontière dont
M. de Bernières est le directeur, et d'une mission chrétienne dirigée par le P. Renault. Enfin, elle possède
déjà une petite colonie française qui vient encore de s'augmenter du personnel technique chargé de la construction du chemin de fer, à la tête duquel était alors le colonel Vallière.

Notre voyage était décidément fini. Il ne nous restait plus qu'à franchir la frontière pour reprendre la vie
commune et nous acclimater de nouveau à la civilisation.

Dès notre arrivée, nous nous apprêtions à aller présenter nos devoirs à M. le consul de France, lorsqu'on
nous annonça sa visite. M. Guillain venait très aimablement nous voir sur notre jonque pour s'enquérir de
nos santés et nous inviter à accepter l'hospitalité du consulat. Il nous ramena donc chez lui, et, un instant
après, nous trouvions le personnel de notre détachement arrivé à bon port depuis quelques jours.

Le lendemain nous allâmes présenter nos hommages à Mme de Bernières qui très gracieusement nous
retint à dîner. Elle nous offrit même la distraction assez rare de faire une partie de tennis en pleine Chine et
nous intéressa vivement par le récit du magnifique voyage qu'elle avait exécuté avec M. de Bernières deux
ans auparavant de Pékin à Samarkand par les déserts de la Mongolie.

Nous allâmes aussi voir le colonel Vallière dans le vaste établissement construit par la Compagnie
Fives-Lille pour l'établissement de ses bureaux ; enfin nous fîmes une dernière visite au P. Renault.

Le 18 mai nous reprenions notre ordre de marche dans la direction de Lang-Son. Après avoir contourné
le grand camp chinois du Maréchal Son, nous reçûmes à Ping-Siang-Tchéou l'hospitalité d'un très aimable
compatriote, M. Bertrand, qui remplit auprès du Maréchal les fonctions d'Ingénieur conseil. Enfin le 20 mai
nous traversions la fameuse porte de Chine à Dong-Dang et le même soir nous couchions à l'hôtel de Lang-Son.

Le lendemain, le chemin de fer nous conduisait à Phin-Lang-Tong ; puis, après un séjour de 24 heures
dans cette localité qui est encore pour quelques jours le point terminus de la voie ferrée, en attendant l'achèvement des ponts du Song-Koï (fleuve Rouge), nous arrivions à Hanoï au terme de notre voyage. A peine avions-
nous débarqué que le gouverneur de l'Indo-Chine, M. Doumer, nous faisait l'honneur de nous inviter à
déjeuner. Il était alors de passage à Hanoï et à la veille d'entreprendre lui même le voyage de Yun-Nan-Sen.

Nous descendîmes à la direction des travaux publics du Tonkin et nous restâmes les hôtes de son aimable
directeur M. Dardenne pendant notre séjour.

Si de toutes parts la Chine est aujourd'hui entamée sur ses bordures par les efforts combinés de tous les peuples civilisés, leur action n'a encore fait qu'effleurer la surface. L'avenir nous dira si la pénétration puissante des chemins de fer arrivera à vaincre les résistances, à modifier des courants séculaires et à changer la face de la Chine en lui amenant le goût des transformations et des perfectionnements.

Il est vrai qu'il convient d'ajouter pour expliquer cette persistante antipathie, qu'elle est très habilement entretenue par les lettrés et par le gouvernement chinois lui-même qui, cherchant à tirer bénéfice des entreprises étrangères, met par ses édits les industriels européens dans une situation telle que le peuple chinois les considère comme de nouveaux ravisseurs venant exploiter ses mines et ses richesses.

J'ai dit que les gisements miniers appartenaient aux villages voisins et que par suite chacun vient y puiser le minerai dont il a besoin pour son commerce ou son usage. Or d'après le règlement rédigé en 22 articles sur les mines et les chemins de fer chinois présenté au Trône et approuvé le 18 novembre 1898, il est dit (article 13) que dans toute exploitation de mines et de chemins de fer, sans se préoccuper des parts étrangères ou des fonds étrangers, tous les pouvoirs administratifs appartiendront à des commerçants chinois; — (article 14) que toute contestation entre commerçants étrangers et chinois sera jugée par un arbitrage et *qu'il sera inutile que les gouvernements des deux pays interviennent.*

En conséquence, ainsi qu'il a été fort bien expliqué dans un article récent de la Revue française de l'Étranger et des Colonies, l'exploitant étranger est subordonné à une société purement chinoise chargée de lui servir d'intermédiaire dans toutes ses relations avec les autorités et avec le peuple.

Par suite de ce régime qui laisse à l'élément chinois le soin d'indemniser les usagers des gisements miniers ou les propriétaires du sol nécessaire à l'établissement des voies ferrées, aucune indemnité n'est distribuée aux populations lésées. L'associé chinois se contente d'empocher les sommes réservées et en agissant ainsi, il s'écarte peu de la coutume qui consiste à ne rembourser les dettes que par contrainte, ou sous la menace de perdre tout crédit[1]. Or dans ces sortes d'opérations on conçoit qu'il soit facile aux commerçants Chinois de se déclarer aux yeux du peuple innocents des spoliations et d'en faire retomber tout l'odieux sur l'industriel étranger. Une nouvelle recrudescence de haine s'est donc greffée sur l'ancienne, et elle se propage et se manifeste par de nombreuses sociétés secrètes dont nous avons constaté le travail parmi les masses des grandes villes. Elles amènent des rébellions (celle de Iu-Mantu dans le Sé-Tchouen n'a pas eu d'autre origine) et rendent périlleux tout voyage à l'intérieur. A ces nouveaux travaux, il faut appliquer des lois nouvelles. Aux mines, comme aux chemins de fer, il faut un régime général spécial émanant du Trône et assurant une sécurité, une exploitation durable et mettant les capitaux dans une poche moins percée que celles des Chinois. C'est aux Puissances qu'il appartient d'imposer au gouvernement de Pékin cette législation. Elle est la base indispensable de toute entreprise industrielle en Chine.

1. Les risques de pertes dans les prêts sont tels en Chine que l'intérêt annuel des capitaux entre commerçants chinois varie entre 30 pour 0,0 et 50 pour 0,0.

(Mission Lyonnaise.)

FEU DU CARRÉ CHINOIS (CAMP D'OU-SONG) (PAGE 66). — DESSIN DE MASSIAS.

TABLE DES GRAVURES ET CARTES

CHAPITRE IV

SÉJOUR A KOUY-YANG-FOU, CAPITALE DU KOUƐI-TCHÉOU

CHAPITRE V

DE KOUY-YANG-FOU, A KOUEI-LIN-FOU

CHAPITRE VI

DE KOUEI-LIN-FOU AU TONKIN

TABLE DES MATIÈRES

Levallois-Perret — Imp. CRÉTÉ DE L'ARBRE, 55, rue Fromont.